Für meinen Ehemann Ian –
meine große Liebe, meine Inspiration
und mein letztes Date.

Paulette Sherman

Suchst du noch, oder liebst du schon?

Den richtigen Partner finden
nach dem Gesetz der Anziehung

*Aus dem Englischen
von Diane von Weltzien*

Knaur
MensSana

Die amerikanische Originalausgabe erschien 2008 unter dem Titel
»Dating From The Inside Out« bei Atria Books/Beyond Words
an imprint of Simon & Schuster, Inc., New York.

Besuchen Sie uns im Internet: www.droemer-knaur.de
Alle Titel aus dem Bereich MensSana finden Sie im Internet
unter www.knaur-mens-sana.de

Deutsche Erstausgabe Juni 2009
Copyright © 2009 für die deutschsprachige Ausgabe
Knaur Taschenbuch. Ein Unternehmen der Droemerschen Verlagsanstalt
Th. Knaur Nachf. GmbH & Co. KG, München
Copyright © 2008 Paulette Kouffman Sherman
Redaktion: Ralf Lay
Illustrationen: Sara E. Blum
Umschlaggestaltung: ZERO Werbeagentur, München
Umschlagabbildung: Fine Pic®, München
Lay-Out, Satz und Herstellung: Michaela Lichtblau
Druck und Bindung: CPI – Clausen & Bosse, Leck
Printed in Germany
ISBN 978-3-426-87432-5

2   4   5   3   1

Inhalt

Vorwort

Ich war 31 Jahre alt und alleinstehend, als ich mich entschloss, aus Pennsylvania nach New York zurückzukehren, weil ich dort ein Jahr lang ernsthaft nach einem Lebensgefährten suchen wollte. Ich hatte meine Doktorarbeit geschrieben, meine Zulassung als Psychologin erhalten und meine Coaching-Ausbildung abgeschlossen. Für mein Gefühl war es an der Zeit, einen Ehemann zu finden. Diesen Traum träumte ich schon lange, doch nun war der Augenblick gekommen, um ihn zu verwirklichen. Zweimal war ich schwer verliebt und hatte fast geheiratet, doch weder der eine noch der andere dieser Partner war genau der richtige für mich gewesen. Mich verbanden viele alte Freundschaften mit Männern, doch richtig ernst war es nur selten geworden. Mir war klar, dass ich viel lernen würde, wenn ich mir die Kandidaten »da draußen« genauer ansah. Und ich würde mich selbst besser kennenlernen.

Also begann ich meine ureigenste Fassung von »Sex and the City« und begegnete unendlich vielen neuen Menschen. Ich fand eine Wohnung in Brooklyn am Ufer des East River und brachte den Morgen damit zu, Tagebuch zu schreiben und am Strand spazieren zu gehen. Ich traf mich mit Männern, um meinem tieferen Selbst die Erfahrung von Romantik, Liebe und Zweisamkeit zu bescheren. Ich dachte über mich nach wie auch darüber, was ich mit meinem Leben anfangen wollte und wie mein Lebensgefährte beschaffen sein müsste, damit er gemeinsam mit mir meine Vision wahr werden lassen könnte. Ich suchte zuerst eine Beziehung zu mir selbst, übte mich darin, mich selbst und meine Leistungen anzunehmen, und fasste den Vorsatz, mir in allem, was ich tat, und auch bei der Partnersuche treu zu sein.

Dann traten die ersten Veränderungen ein. Mit einem Mal empfand ich meine Verabredungen mit Männern nicht mehr als unangenehme, zielorientierte Pflicht, die Zurückweisungen zwingend mit sich bringen musste. Immer häufiger kamen sie mir wie eine Chance vor, Menschen kennenzulernen, mich selbst mitzuteilen, zu lernen und einfach nur Spaß zu haben. Ja, ich freute mich nun tatsächlich auf meine Dates, da sie mir die Gelegenheit verschafften, anderen näherzukommen und herauszufinden, welche Eigenschaften mir an einem Mann wichtig sind, ein mir unbekanntes Restaurant auszuprobieren, neue Erfahrungen zu machen oder einen anderen Stadtteil zu erkunden. Bei jedem Treffen sprang für mich etwas heraus. Dates, die nicht zu einer Beziehung führten, empfand ich nicht länger als Zeitverschwendung, weil sich mein Interesse von dem, was sich in meinem Umfeld zutrug, auf das verlagerte, was »in mir« geschah.

Ich erkannte, dass wir *das anziehen, was wir selbst sind.* Je mehr Klarheit ich über mich und meine Vorstellungen gewann, desto besser würde mein zukünftiger Partner zu mir passen. Je mehr ich mich selbst mochte und akzeptierte, umso weniger würde ich den üblichen Spielchen, Manipulationen und vordergründigen Aspekten und Regeln der Partnersuche anheimfallen. Im Vertrauen darauf, dass der richtige Mann bei mir bleiben würde, ließ ich mein Visavis meine Wertschätzung spüren und war ganz ich selbst.

Jetzt, da ich dies niederschreibe, bin ich mit meinem Traummann verheiratet. Wir arbeiten beide als Therapeuten, haben gemeinsame Werte, Ziele und Visionen. Wir haben eine starke, kreative Verbindung geschaffen, die es uns gestattet, das Beste in uns zum Vorschein zu bringen. Ich habe viel Zeit gebraucht, um dort anzukommen, wo ich heute bin, aber die Reise war es wert. Ich traf auf Ian, nachdem ich mir bewusst gemacht hatte, was ich in einem Lebensgefährten suchte, und einige der in diesem Buch vorgestellten Grundsätze berücksichtigt hatte. Und deshalb freue ich mich, dass ich Sie nun an meinen Erfahrungen teilhaben lassen und Ihnen helfen darf, den Partner Ihrer Träume zu finden.

Mein persönliches Dating-Unternehmen hat sich auch auf meinen beruflichen Werdegang ausgewirkt. Als Psychologin und Coach zog ich mehr und mehr Klienten an, die heiraten wollten und einen passenden Weggefährten suchten. Meist handelte es sich um attraktive, intelligente Menschen, die mit beiden Beinen im Beruf standen und nicht begreifen konnten, warum sie mit keinem ihrer bisherigen Partner ihr Ziel erreicht hatten. Ich beobachtete, dass sie ständig die gleichen Beziehungsmuster wiederholten. Gemeinsam untersuchten wir, auf welche Weise sie es ihren unbewussten Vorstellungen und vorangegangenen Beziehungen gestatteten, den Ablauf ihrer gegenwärtigen Partnersuche zu diktieren. Nachdem sie erst einmal herausgefunden hatten, was sie nicht weiterbringen würde, gingen wir der Frage nach, was sie denn überhaupt erreichen wollten. Danach ließen sie sich bewusster auf ihre Dates ein.

Eine meiner Klientinnen, eine Frau Mitte dreißig, beharrte darauf, dass sie zwar gern Kinder adoptieren, aber keinesfalls heiraten würde, weil sie sich nicht dazu in der Lage sah, eine gute Beziehung zu führen. Nach anderthalb Jahren Therapie fasste sie Mut und ging zum ersten Mal seit langem wieder mit einem Mann aus. Inzwischen ist sie glücklich verheiratet. Es war ihr gelungen, sich von ihrer unbewussten Selbstbeschränkung zu verabschieden, weil sie ihre eigenen Stärken erkannt und verstanden hatte, wie viel sie einem Mann in einer Partnerschaft zu bieten hatte. Ihre Vision von dem Leben, das sie führen wollte, wurde so stark, dass sie sie in kürzester Zeit verwirklichen konnte.

Ich übernahm den Auftrag einer Zeitschrift, einmal im Monat eine Partnerschaftskolumne zu schreiben, die den Lesern die Gelegenheit bot, sich mit ihren Fragen an mich zu wenden. Ich fühlte mich ihnen und ihrem Liebeskummer von Herzen verbunden. Tatsächlich waren es weniger ihre Kavaliere, die die Frauen schlecht behandelten, sondern sie selbst lehnten sich ab. Es fehlte ihnen der klare Blick dafür, wer sie waren und was sie sich von einer Beziehung versprachen. Als ich in meiner Kolumne das Lernpotenzial der Partnersuche zum Thema machte, ging ein Ruck durch meine Leser, und sie nahmen ab sofort die Gestaltung ihrer Verabredungen bewusster in die eigenen Hände.

Außerdem bot ich nun Kurse und Workshops für Singles an, in denen sie sich über ihre Erfahrungen mit der Partnersuche und über die Beschaffenheit ihrer Wunschbeziehungen austauschen konnten. Sie erkannten ihre persönliche Geschichte in der anderer Kursteilnehmer wieder und fühlten sich weniger allein gelassen mit ihren Beziehungsschwierigkeiten. Ihre wachsende Fähigkeit, authentisch zu sein und sich selbst zu akzeptieren, ließ sie ihre Partnersuche aufrichtiger angehen. Nach und nach zogen sie bessere Kandidaten an, entdeckten, dass ihnen ihr Glück zustand, und wurden mutig genug, um sich auf eine dauerhafte Beziehung einzulassen.

Als Therapeutin und Coach bereitet es mir unendliche Freude, wenn meine Klienten ihren Lebensgefährten finden. Ich weiß, wie beglückend es ist, einen Partner zu haben, der einen liebt, akzeptiert und unterstützt und mit dem man sein Leben und sich selbst rückhaltlos teilen kann. Wenn mehr Menschen sich die Zeit nähmen, sich zuerst Klarheit über sich selbst zu verschaffen und authentisch zu werden und erst dann nach einem Partner zu suchen, würde es auf der Welt weniger Scheidungen, gebrochene Herzen und auseinandergerissene Familien geben. Die meisten Menschen lassen sich helfen, wenn es um die Suche nach einem neuen Job, die Verbesserung ihrer äußeren Erscheinung, ums Abnehmen oder um das Erlernen einer neuen Fertigkeit geht. Warum sollte man sich nicht Unterstützung holen, wenn es sich doch um etwas so Wichtiges wie eine erfolgreiche Lebensgemeinschaft handelt? Wen Sie sich zum Gefährten wählen ist eine der bedeutendsten Entscheidungen, die Sie überhaupt treffen können, denn sie berührt jeden Aspekt Ihres Daseins: Ihre Lebensqualität, Ihre emotionale Gesundheit, Ihren eventuellen Kinderwunsch, Ihre finanzielle Lage, Ihr soziales Umfeld, Ihre Sexualität – einfach alles, was Ihnen nur einfällt. Dieses Buch wird Sie auf Ihrem Weg unterstützen. Sie selbst haben die Wahl, ob Sie Ihre Partnersuche weiterhin als quälenden, verwirrenden Prozess erleben wollen oder aber als ein Erkenntnis und Freude schaffendes Abenteuer, das Sie sowohl Ihrem Traumpartner als auch sich selbst näherbringt.

Wenn Sie an das Ende dieses Buches gelangt sind, dann werden Sie wissen, was Sie bisher falsch gemacht haben, wer Sie sind und wie eine Lebensgemeinschaft für Sie beschaffen sein muss, welche Art Partner am besten zu Ihnen passt und wie Sie ihn anziehen können. Außerdem werden Sie herausfinden, worauf Sie beim Daten achten müssen, wie Sie das Feld Ihrer Kandidaten verkleinern und wie Sie schließlich zur Erschaffung einer dauerhaften Beziehung mit dem richtigen Partner gelangen. Als weiteres vermutlich unerwartetes Geschenk werden Sie sich im Verlauf des Prozesses auf einer tieferen Ebene in die eigene Person verlieben und sich sozusagen selbst zum Partner wählen. Indem Sie herausfinden, was Ihnen am wichtigsten ist, werden Sie sich auch dafür einsetzen, es zu manifestieren, ganz gleich, was sonst »da draußen« geschieht. Diese Vereinigung mit sich selbst kann ein ganzes Leben lang andauern.

Alles Gute für Ihren Weg wünscht Ihnen

Paulette Kouffman Sherman

Dr. Paulette Kouffman Sherman

Einführung

Wie oft schon haben Ihre Freunde Anteil daran genommen, wenn Sie sich bei ihnen über Ihre misslungenen Beziehungsversuche ausgeweint haben? Haben nicht auch Sie sich darüber beklagt, dass »alle, die was taugen«, schon unter der Haube sind? Ist nicht auch Ihnen schon eine Nacht, die Sie mit Ihren Freundinnen »auf der Piste« zugebracht haben, zu einer »Männerverteufelungsrunde« geraten? Für viele ist das Ausgehen am Wochenende zu einem notwendigen Übel geworden, um *den* Richtigen zu finden, zu einem gefürchteten Muss, das mehr Anlass zum Klagen als zum Feiern bietet. Wenn wir – vor anderen oder nur in unserem Kopf – über die Partnersuche klagen, dann verstärken wir unbewusst unsere Vorurteile und Ängste in Hinblick auf eine Beziehung.

Dieses Buch kann all dies ändern. Die Partnersuche muss keine frustrierende, verwirrende und von Zurückweisungen geprägte Erfahrung sein. Sie kann sich in eine transformierende Reise verwandeln, bei der Sie lernen, Beziehungen von innen nach außen anzubahnen.

Ich habe selbst erfahren, dass es eine Kraft gibt, die als »das Gesetz der Anziehung« bekannt ist, und dass sie sich auf jeden Bereich des Lebens auswirkt. Wie die Erdanziehung oder alle anderen Naturgesetze nimmt diese Energie Einfluss auf jeden Aspekt unseres Lebens, ohne dass wir es überhaupt bemerken. Doch indem wir uns das Gesetz der Anziehung bewusst machen, können wir es zu unserem Vorteil vor unseren Karren spannen. Dem Gesetz der Anziehung zufolge ziehen wir nämlich das an, worauf wir unsere Aufmerksamkeit am meisten richten. Auf Ihre Partnersuche angewandt, bedeutet dies: Wenn Sie sich unablässig mit Ihrer Unsicherheit beschäftigen und damit, was Ihnen am Ausgehen und an Verabredungen nicht gefällt, dann verstärken Sie ausgerechnet diese unerwünschten Aspekte. Konzentrieren Sie sich jedoch mehr auf Ihre positive Selbsteinschätzung und auf die guten Eigenschaften, an denen Ihnen bei einem Partner liegt, dann sind es diese, die Sie in Ihr Leben holen. Für mich bedeutet das Gesetz der Anziehung, dass meine Wünsche dann Wirklichkeit werden, wenn ich meine Gefühle, mein Denken und mein Tun auf mein Ziel ausrichte. Solange Sie in der Ecke sitzen und darüber nachgrübeln, wie sehr Ihr Ex Sie verletzt hat und wie grausam doch die Männer sind, dann geben Sie Ihrem Seelengefährten keine Chance. Sind Sie jedoch mit sich zufrieden und finden, dass Ihnen ein großartiger Partner zusteht, dann öffnen Sie sich für diese Möglichkeit und ziehen sie mit größerer Wahrscheinlichkeit an.

Es ist wichtig, dass Sie verstehen, worum es bei dem Gesetz der Anziehung geht. Denn es ist die Grundlage für den ersten Teil dieses Buches, in dem ich Ihnen helfen möchte, die inneren Blockaden zu überwinden, die Sie an der Erfüllung Ihres Herzenswunschs hindern. Dieses Buch will Sie darin unterstützen, in Ihrem Inneren zu beginnen, Ihre Sie einschränkenden Vorstellungen abzubauen und Ihr wahres Selbst zu leben, damit Sie eine Lebensgemeinschaft mit dem Partner erschaffen können, wie Sie ihn sich schon immer vorgestellt haben. In den nachfolgenden Kapiteln werden Sie Übungen machen, die Sie darin fördern, bessere Beziehungen einzugehen.

Im ersten Teil – »Die unbewusste Partnersuche« – werden Sie erkennen, warum Sie immer wieder auf die gleiche Art Partner hereinfallen. Indem Sie Ihre Verhaltensmuster durchschauen, erhalten Sie die Möglichkeit, Ihre Wahl bewusster, freier und letztlich erfolgreicher zu treffen.

Im zweiten Teil – »Selbst der Partner sein, den man sucht« – richten Sie Ihre Aufmerksamkeit auf sich und Ihre Wünsche an eine Beziehung, damit Sie selbst zu dem Partner werden können, den Sie anziehen möchten. Sie entscheiden, welche Art Partner Sie sein wollen, wie zufrieden Sie mit Ihrem Leben sind und wie deutlich Ihre Vision von der für Sie idealen Beziehung vor Ihrem inneren Auge steht. Sie werden herausfinden, was Sie wirklich wollen, und dann einen entsprechenden Partner erkennen, sobald er in Ihr Leben tritt.

Im dritten Teil – »Die bewusste Partnersuche« – erhalten Sie die erforderliche Unterstützung, damit Sie sich bewusst auf die Partnersuche begeben und jemanden finden können, der wirklich zu Ihnen passt. Sie werden erkennen, was Ihnen an einem Lebensgefährten wichtig ist, was Sie keinesfalls akzeptieren können und wie Sie die für Sie wichtigen Informationen von einem Kandidaten erlangen.

Nun ist der Augenblick gekommen, da Sie anfangen sollten, Tagebuch über Ihre bewusste Partnersuche zu führen. Halten

Sie beim Lesen ein hübsches Notizbuch bei der Hand, um darin die Übungen in den einzelnen Kapiteln zu machen. So können Sie Ihr Vorankommen überprüfen. Vielleicht möchten Sie auch gelegentlich in Ihrem Tagebuch zurückblättern, um sich die Fortschritte zu vergegenwärtigen, die Sie bei der Beziehungsanbahnung bereits gemacht haben.

Abbildung 1: Tagebuch der bewussten Partnersuche

Ihre Partnersuche wird, wie fast alles im Leben, dann erfolgreich sein, wenn Sie mit sich im Reinen, engagiert und auf Ihr Ziel ausgerichtet sind. Manch ein populärer Beziehungsratgeber empfiehlt Ihnen, Ihre äußere Erscheinung zu verändern oder sich anders zu geben, um zum Erfolg zu finden. Dieses Buch erinnert Sie jedoch daran, dass Sie dem richtigen Partner am ehesten dann begegnen, wenn Sie Ihr wahres Selbst erforschen, annehmen und nach außen sichtbar leben. Die Fertigkeiten, die Sie sich auf dem Weg aneignen, werden Sie in die Lage versetzen, da Veränderungen zu bewirken, wo allein sie möglich sind: bei Ihnen selbst!
Also, los geht's!

ERSTER TEIL:

DIE UNBEWUSSTE
PARTNERSUCHE

1.

Ihr Beziehungsmuster –
Die Wiederbelebung früherer
Erfahrungen in der Gegenwart

Die meisten Menschen wählen immer wieder den gleichen Partner; ihre Gefährten unterscheiden sich nur im Aussehen. Möglicherweise haben Sie sich bisher gern auf die Anziehungskraft verlassen, auf Ihre eigene wie auf die des anderen. Doch Sie werden bald herausfinden, dass wir uns von dem angezogen fühlen, was wir kennen, und nicht von dem, was gut für uns ist.

Hier ein Beispiel: Sheila hatte einen überängstlichen, fordernden und kontrollierenden Vater, und entsprechend sah ihre Schablone für eine Partnerschaft aus. Bewusst wollte sie eine solche Beziehung nicht, doch kannte sie eben nichts anderes. Sie konnte es nicht fassen, dass sie sich ausgerechnet von einem Mann angezogen fühlte, der ihrem Vater aufs Haar glich. Ihr neuer Partner rief sie dreimal täglich an, wurde eifersüchtig, wenn sie allein ausging, und hatte sogar den gleichen Vornamen wie ihr alter Herr! Nachdem sie sich in eine Therapie begeben hatte, durchschaute sie diese Dynamik, und es gelang ihr besser, Beziehungen zu Partnern herzustellen, die ihrer Vorstellung entsprachen.

Eine andere meiner Klientinnen, Melissa, fragte mich: »Warum fliegen all diese egoistischen Typen ausgerechnet auf mich?« Sie versicherte mir, dass sich offenbar immer nur die »Mistkerle« für sie interessierten. Sie lernte diese Männer in einer Kneipe kennen, sie schliefen miteinander, und dann hörte sie nie wieder von ihnen. Als sie von ihren Schwierigkeiten berichtete, wurde deutlich, dass sie die »netten« Männer, denen sie gefiel, nicht attraktiv fand. Ist sie ein Opfer der Umstände, oder wählt sie unbewusst diese Männer, um irgendetwas zu wiederholen? Wenn wir mehrmals nacheinander die gleiche Erfahrung machen, dann ist das kein Zufall. Wir müssen uns fragen, ob da vielleicht ein unbewusstes Muster im Spiel ist. Es kann viele Gründe dafür geben, warum sich Melissa immer wieder »Mistkerle« aussuchte. Sie hatte bereits als Kind in der Beziehung zu ihrem Vater Erfahrungen mit einem abweisenden, egoistischen Mann gemacht. Möglicherweise musste sie schon früh begreifen, dass sie in den Augen der anderen nichts wert war. Deshalb hat sie sich später immer für Männer entschieden, die sie entsprechend behandelten.

Was bedeutet »unbewusst«? Das ist ein Begriff, dem Sie in diesem Buch noch oft begegnen werden. In unserem Unbewussten speichern wir die Gefühle, Gedanken und Erinnerungen, die uns nicht gegenwärtig sind. Nicht selten haben wir sie dorthin abgeschoben, weil sie uns zu große Schmerzen bereiten. Außerdem sind wir uns dessen nicht bewusst, welchen Einfluss diese Gefühle, Gedanken und schmerzhaften Erinnerungen im Alltag auf uns nehmen. Daher ist es jetzt unsere Aufgabe, uns dieses Unbewusste bewusst zu machen, damit wir unsere bestehenden und zukünftigen Liebesbeziehungen besser gestalten können.

Um die Entstehung Ihrer unbewussten Verhaltensweisen zu verstehen, müssen Sie sich selbst besser kennenlernen und Ihre zurückliegenden Erfahrungen untersuchen. In einem ersten Schritt identifizieren Sie Ihre unbewussten Muster und führen sich vor Augen, warum Sie immer wieder auf die gleiche Art Partner hereinfallen. Endlich legen Sie die Opferrolle ab und übernehmen die Verantwortung für Ihre Partnerwahl. Mit der Übung »Beziehungsanalyse« vollziehen Sie diesen ersten Schritt. Als Melissa die Übung beendet hatte, konnte sie nicht mehr leugnen, dass sie sich immer nur zu egoistischen Männern hingezogen gefühlt hatte. Sie selbst war es, die sich für diese Männer entschied!

ÜBUNG:
BEZIEHUNGSANALYSE

Sie untersuchen jetzt den Typ Mann, zu dem Sie sich hingezogen fühlen, und finden heraus, warum und was an der Beziehung mit ihm für Sie schädlich ist. So erhalten Sie einen Überblick über Ihre früheren Beziehungen und erkennen das unbewusste Muster, das Ihrer bisherigen Partnerwahl zugrunde liegt.

Wie ich bereits in der Einleitung erwähnt habe, sollten Sie ein Tagebuch haben, das Sie auf der Reise durch dieses Buch begleitet. In diesem Tagebuch, das Sie in den Dienst Ihrer bewussten Partnersuche stellen, dokumentieren Sie für sich Ihre Erfahrungen mit der Partnersuche in Vergangenheit, Gegenwart und Zukunft.

Öffnen Sie jetzt Ihr Tagebuch und listen Sie all Ihre bisherigen Beziehungspartner wie gezeigt waagerecht auf. Tragen Sie deren schlechte Eigenschaften in einer senkrechten Liste unter dem jeweiligen Namen ein und kreisen Sie dann all jene Charakterzüge ein, die Ihre früheren Partner gemeinsam haben.

Robert	Richard	Johannes	Stefan
untreu	geizig	jähzornig	entscheidungs- schwach
Mutter- söhnchen	Mutter- söhnchen	Mutter- söhnchen	Mutter- söhnchen

Sobald Sie feststellen, dass sich Eigenschaften wiederholen, können Sie davon ausgehen, dass Sie »Ihren Typ« gefunden haben. Ihr Unbewusstes zieht diesen Menschentyp an, weil er Ihnen vertraut ist. Es besitzt eine Antenne, die Ihren Partnertyp erkennt und Ihnen zuführt. Damit Sie nicht immer wieder in die gleiche Falle tappen, müssen Sie sich bewusst machen, auf welche Eigenschaften Ihr Unbewusstes programmiert ist. Das folgende Gedicht von Portia Nelson, das ich für unsere Zwecke ein wenig abgeändert habe, beschreibt, wie im Laufe der Zeit Veränderungen eintreten.

Da ist ein Loch in meinem Weg

Ich folge einer Straße, und da ist ein großes Loch in meinem Weg. Ich sehe es nicht und falle hinein. Darin ist es dunkel und hoffnungslos, und ich brauche lange Zeit, um hinauszufinden. Es ist nicht meine Schuld!

Ich folge derselben Straße. Wieder gelange ich zu dem großen Loch, und ich kann es sehen, falle aber dennoch hinein. Darin ist es dunkel und hoffnungslos, und ich brauche lange Zeit, um hinauszufinden. Es ist wieder nicht meine Schuld!

Ich folge einer Straße. Mitten im Weg ist ein großes Loch. Ich kann es sehen, aber ich falle trotzdem hinein. Das wird mir zur Gewohnheit. Aber ich halte die Augen offen und finde sofort hinaus. Es ist meine Schuld!

Ich folge einer Straße. Da ist ein großes Loch. Ich gehe darum herum.

Ich folge einer anderen Straße.

ÜBUNG:
IHRE UNBEWUSSTE PARTNERSUCHANZEIGE

Am besten kann man sich das schwarze Loch der Partnersuche bewusst machen, indem man es als Partnersuchanzeige formuliert. Wenn Sie (unbewusst) einen Partner mit diesen Eigenschaften wählen, wie würde dann eine entsprechende Suchanzeige aussehen? Sie schwarz auf weiß vor sich zu sehen wird wie ein Weckruf auf Sie wirken. Verfassen Sie auf Basis der eingekreisten Eigenschaften aus der vorangegangenen Übung eine unbewusste Partnersuchanzeige. So ist der Partner beschaffen, von dem Sie sich angezogen fühlen. Er ist nicht mit demjenigen identisch, den Sie sich tatsächlich wünschen, zum Beispiel:

Gesucht

wird ein Mann, der sich auf nichts einlässt, der seine Gefühle verbirgt, der ein übertrieben inniges Verhältnis zu seiner Mutter hat und sein Geld nur für sich ausgibt.

In der Regel durchschauen wir nicht, warum wir uns für die Gesellschaft bestimmter Personen entscheiden. »Es ist doch idiotisch, gerade die zu wählen, die einem nicht guttun!«, bricht es aus uns hervor. Für unseren Kuppler im Unbewussten jedoch sind diese Zusammenhänge mehr als einleuchtend. Mit dem Altbekannten ist man vertraut. Und Sie werden es so lange weiter wählen, bis Sie Ihre früheren Beziehungen aufgearbeitet haben. Melissa, die sich immer nur vom Typ »Mistkerl« angezogen fühlte, hat schon früh Erfahrungen damit gemacht, von einem Mann ignoriert, zurückgewiesen und enttäuscht zu werden. Sie hat die Beziehung zu ihrem Vater nie aufgearbeitet, folglich inszeniert sie sie mit ähnlichen Männern immer wieder neu. Vielleicht ist sie schon früh zu dem Schluss gekommen, alle Männer seien halt so. Oder aber sie glaubt, dass sie keine bessere Behandlung verdient.

Es widerspricht jeder Vernunft, dass Melissa gerade das, wonach sie sich am meisten sehnte – nämlich Liebe und Anerkennung –, auch am meisten fürchtete. Dabei ist es nicht ungewöhnlich, Angst vor dem Unbekannten zu haben. Melissa war daran gewöhnt, von Männern schlecht behandelt zu werden. Zwar litt sie darunter, aber sie kannte es nicht anders.

Wenn sich Melissa einem liebevollen Mann geöffnet hätte, wäre große Verunsicherung die Folge gewesen. Wie sollte sie ihm vertrauen, da sie doch nicht gelernt hatte, Männern zu vertrauen? Diese Art Unsicherheit verschafft Melissas Kuppler im Unbewussten die Oberhand und veranlasst ihn, ihr immer wieder die falschen Männer zuzuführen, weil sie sich mit ihnen eben am besten auskennt.

Ihr Kuppler im Unbewussten bedient sich der Angst, um Sie immer wieder in die gleichen Beziehungsfallen zu lenken. In der nächsten Übung erfahren Sie mehr über diese gerissene innere Instanz, die sich in Ihnen ungefragt zu Gehör bringt.

ÜBUNG:
DER KUPPLER IM UNBEWUSSTEN

Ihr innerer Kuppler will, dass Sie alte Beziehungsmuster so lange wiederholen, bis Sie sie beherrschen. Nehmen wir an, Ihr Beziehungstyp sei der untreue Mann. Die Stimme Ihres inneren Kupplers sagt: »Du hast es verdient, hintergangen zu werden. Alle Männer sind so. Vertrau keinem von ihnen, oder du wirst leiden.« Jedes Mal, wenn das Universum Ihnen wieder eine Begegnung mit Ihrem Beziehungstyp oder eine neuerliche Beziehungsfalle präsentiert, erhalten Sie die Gelegenheit, sich neu zu entscheiden und eine andere Wahl zu treffen. Melissa zum Beispiel war nur dann fähig, ihren Typ »Mistkerl« als solchen zu erkennen und ihm den Laufpass zu geben, wenn er sie warten ließ und sich nicht bei ihr meldete. Nachdem sie sich diesen Mechanismus bewusst gemacht hatte, entschied sie sich für Männer, die sie respektierten und in ihrer Zuneigung beständig und zuverlässig waren. Sie hatte ihr Beziehungsmuster durchbrochen.

Um Ihrem Kuppler im Unbewussten die Maske vom Gesicht zu reißen, können Sie sich die folgenden Fragen stellen und Ihre Antworten im Tagebuch festhalten:

- Auf welchen Beziehungstyp fallen Sie herein?
- Wie kommentiert Ihr Kuppler im Unbewussten potenzielle Beziehungskandidaten?
- Welche Behauptungen stellt Ihr innerer Kuppler im Hinblick auf Ihre Beziehung zu solchen Partnern auf?
- Wovor genau hätten Sie Angst, wenn Sie einen anderen Partner wählten?
- Was könnte eine Beziehung zu einem Partner, der nicht dem vertrauten Typ entspricht, von Ihnen verlangen?
- Wie können Sie Ihren Kuppler im Unbewussten davon überzeugen, dass Sie, um Ihres Wohlergehens willen, eine andere Art von Beziehungstyp anziehen müssen?

Nun haben Sie eine Vorstellung davon, welche Programmierung in Ihnen abläuft, wenn Sie einem Mitglied des anderen Geschlechts begegnen. Es ist schwer, Programmierungen zu ändern, doch der erste Schritt besteht immer darin, dass man sie sich bewusst macht. Sobald Sie Ihre persönliche Beziehungsfalle kennen, haben Sie die Möglichkeit, sie in ihr Gegenteil zu verkehren.

Das Gesetz der Anziehung sagt uns, dass wir uns auf das konzentrieren sollen, was wir wollen, und nicht auf das, was wir nicht wollen. Also beschäftigen Sie sich nicht andauernd mit Ihren Beziehungsfallen. Später werden Sie lernen, Ihren negativen Beziehungstyp in einen positiven umzuwandeln, um eine bewusste Partnersuchanzeige zu formulieren und um den Menschen anzuziehen, den Sie tatsächlich wollen. Denken Sie immer daran: Je bewusster Sie werden, desto mehr Kontrolle gewinnen Sie über das, was Sie schaffen.

Das Motto der Beziehungssuche

Ein weiterer wichtiger Faktor auf dem Weg zu Ihrem Traumpartner ist das Motto, unter das Sie Ihre Beziehungssuche stellen. Basierend auf zurückliegenden Erfahrungen, Überzeugungen und Gefühlen, entwickeln wir eine Art innere Überschrift, unter der unsere Beziehungssuche abläuft.

Simone beispielsweise brachte zwanzig Pfund zu viel auf die Waage und war schon in ihrer Kindheit gnadenlos als »Dickerchen« gehänselt worden. Männer hatten durchaus Interesse an ihr gezeigt, doch das Motto ihrer Beziehungssuche lautete: »Männer finden mich wegen meines Übergewichts unattraktiv. Deshalb hat es keinen Sinn, eine Verabredung mit ihnen anzustreben.« Im Laufe unserer Zusammenarbeit beschäftigten wir uns auch mit dem Motto ihrer Beziehungssuche, und Simone machte sich bewusst, dass viele übergewichtige Frauen in einer Partnerschaft leben oder verheiratet sind. Ihre Aufgabe war es, ihren Wert und ihre Schönheit anzunehmen und ein neues Motto der Beziehungssuche zu wählen. Es lautete: »Der richtige Partner wird meine Schönheit erkennen und mich so lieben, wie ich bin.« Seither hatte sie bereits mehrere Dates und konnte so positive Erfahrungen sammeln.

Jane, eine andere meiner Klientinnen, war 56 Jahre alt und verwitwet. Sie war glücklich verheiratet gewesen und meinte nun, dass es für sie keinen anderen passenden Mann mehr geben könne. Natürlich brauchte sie Zeit für ihre Trauer und um sich neu zu orientieren. Nach und nach gelang es ihr, sich an das Leben ohne ihren geliebten Mann zu gewöhnen und sich ein neues soziales Netz aufzubauen. Danach hatte sie Gelegenheit, sich mit dem Motto ihrer Beziehungssuche auseinanderzusetzen, das da lautete: »Einen anderen Partner als meinen verstorbenen Ehemann kann es für mich nicht geben.« Jane sehnte sich nach einem neuen Gefährten, der in ihrem weiteren Leben an ihrer Seite sein würde. Ihr Mann hätte gewollt, dass sie glücklich ist, also wählte sie für ihre Beziehungssuche ein neues Motto: »Keiner wird je meinen verstorbenen Ehemann ersetzen. Doch da draußen gibt es viele wunderbare Männer, mit denen ich glücklich sein kann.« Durch diese veränderte Auffassung entwickelte Jane eine andere Ausstrahlung und holte wieder mehr Freude in ihr Leben.

Wenn Sie feststellen, dass das alte Motto Ihrer Partnersuche nicht mehr zu Ihnen passt, dann dürfen Sie durchaus ein neues wählen. Das neue Motto für Melissa, die immer auf »Mistkerle« hereingefallen war, könnte zum Beispiel lauten: »Früher glaubte ich, nur respektlose, beziehungsunfähige Männer anziehen zu können. Inzwischen gefallen mir Männer, die sich auf eine Beziehung mit mir einlassen und mich so annehmen wollen, wie ich bin.«

Für Melissa ist es wichtig, dass sie sich jeden Tag mit ihrem neuen Motto der Partnersuche beschäftigt. Schließlich wurde das alte über lange Zeit hinweg fortlaufend verstärkt, also muss das neue sorgsam eingeübt werden. Während sie sich ihr neues Mantra zu eigen macht, werden ihre Handlungen auf die gleiche Richtung einschwenken und Männern, die nichts von ihrem neuen Motto wissen wollen, den Zugang zu ihr versperren.

IHR ALTES MOTTO DER BEZIEHUNGSSUCHE

Welche Ängste halten Sie davon ab, sich auf einen Mann einzulassen? Welche Meinung zum Thema »Beziehungen« haben Sie verinnerlicht und vielleicht auch mit Ihren Freundinnen diskutiert?

Es gibt viele Ängste, die einen Menschen davon abhalten können, eine Partnerschaft zu suchen. Man meint, immerzu Zurückweisungen einkassieren zu müssen, lässt sich dann auf jemanden ein, der einen prompt hintergeht und belügt, hat ein ablehnendes Urteil zu einem Kandidaten parat, noch bevor man ihn richtig kennengelernt hat – und so fort. Solche unangenehmen Abläufe sind Bestandteil des Lebens und natürlich auch der Beziehungssuche. Aber sie haben keineswegs Ausschließlichkeitscharakter! Sollte dies die Linse sein, durch die Sie Ihre zurückliegenden und zukünftigen Erfahrungen mit Partnern sehen, dann strahlen Sie Angst aus und verwehren allen wunderbaren romantischen Möglichkeiten den Zugang zu Ihnen. Es ist an der Zeit, dass Sie sich ein positives, auf der Wirklichkeit beruhendes Motto für Ihre Beziehungssuche zulegen, das Ihnen nutzt, statt Sie in Ihrer Suche zu sabotieren.

Die Abwandlung Ihres Mottos kann viele Formen annehmen. Hier ein Beispiel: Shana versuchte etwas über das

alte Motto herauszufinden, unter dem ihre Beziehungssuche stand, wo es seinen Ursprung hat und wie sie daraus ein neues, positiveres entwickeln könnte. Als sie ein
Kind war, hatte ihr Vater die Familie wegen einer anderen
verlassen. Das war es, womit sie sich auseinandersetzen
musste. Sie tat es in folgenden Schritten:

Ereignis/Angst: Mein Vater hat die Familie wegen einer
anderen Frau verlassen. Auch mich werden Männer verletzen und schließlich verlassen.

Altes Motto der Beziehungssuche: Beziehungen sind
nichts für mich. Erst muss ich Zurückweisung riskieren,
nur um dann an einen Mann zu geraten, der mich am
Ende sowieso sitzenlässt.

Neues Motto der Beziehungssuche: Nicht alle Männer
verlassen ihre Frauen. Mir steht es frei, verschiedene
Menschen kennenzulernen und zu entscheiden, mit
wem ich meine Zeit verbringe. Dabei kann ich etwas
über mich selbst herausfinden, Spaß haben, Neues ausprobieren und von jedem, auf den ich mich einlasse,
etwas lernen. Ich bin fähig, dauerhafte Liebe zu entwickeln.

Jetzt sind Sie an der Reihe. Nehmen Sie Ihr Tagebuch zur
Hand und erinnern Sie sich an ein schmerzhaftes Ereignis,
das möglicherweise die Entstehung des alten Mottos der
Beziehungssuche bewirkt hat und das Ihnen nicht nutzt,
sondern nur schadet. Denken Sie nach über die Geschichte zum Thema »Beziehungen«, die Sie im Inneren fortlaufend wiederholen. Dann überlegen Sie sich ein neues
Motto und halten Sie es in Ihrem Tagebuch fest. Machen

Sie diese neue Sichtweise zu Ihrem Mantra und lassen Sie es nicht zu, dass sich das alte Motto durch die Hintertür wieder in Ihre Gedanken schleicht.

Nun, da wir Ihre einschränkenden Vorstellungen zutage gefördert und das Motto Ihrer Partnersuche erneuert haben, werden wir uns im nächsten Kapitel dem Ballast Ihrer zurückliegenden Beziehungen zuwenden. Wenn Sie alten Schmerz verarbeiten und ausräumen, entsteht Raum für alle nur denkbaren verschiedenartigen Beziehungen. Erst dann sehen Sie den Beziehungskandidaten vor sich mit anderen Augen.

2.

Werfen Sie den Ballast früherer Beziehungen ab – Abschied von der Vergangenheit

Jeder Mensch hat in seinem Leben schmerzhafte Erfahrungen gemacht und schleppt diesen Ballast mit sich herum. Wenn wir ihren Einfluss nicht durchschauen und sie nicht endgültig zum Abschluss bringen, dann nehmen wir sie von einer Beziehung zur nächsten mit. Annas Vater zum Beispiel war seit achtzehn Jahren mit ihrer Mutter verheiratet, als er sich auf eine Affäre einließ. Bis dahin war er immer Annas Held gewesen. Dann belog er sie, und Anna war am Boden zerstört. Sein Verhalten hatte sie zutiefst verletzt. Aber sie war auch wütend auf sich, weil sie so naiv an ihrem positiven Bild von ihm festgehalten hatte. In der Folge misstraute sie nicht nur Männern, sondern auch sich selbst.

Der Ballast, den Anna seither zu schultern hatte, setzte sich aus einer Reihe unreflektierter Gefühle und negativer Eindrücke zusammen:

~ *Du bist unfähig, Menschen richtig einzuschätzen.*
~ *Männer sind nicht so, wie sie vorgeben zu sein.*
~ *Vertrau keinem Mann.*
~ *Männer hintergehen dich und brechen dir das Herz.*

Man kann sich vorstellen, wie es jemandem wie Anna ergeht, die solchen Ballast zu einer Verabredung mitbringt: »Hallo, nett, dich kennenzulernen. Ich würde mich ja auf dich einlassen, aber leider habe ich mit dieser riesigen Last zu kämpfen ...«

Marissa, eine geschiedene, gutaussehende und intelligente 66-Jährige, ließ sich ebenfalls von mir coachen. Sie war 21 Jahre lang verheiratet gewesen und danach ebenso lange Single. Sie war mit ihrem Leben, ihren Freunden und Aktivitäten zufrieden, fühlte sich aber allein und wünschte sich einen Gefährten. Obwohl sie aktiv und handlungsorientiert war, hatte sie bisher wenig unternommen, um mögliche Kandidaten kennenzulernen.

Auf meine Frage, warum, antwortete sie: »Männer in meinem Alter interessieren sich doch nur für junge Frauen. Sehr viel ältere Männer gefallen mir nicht, und die übrigen gleichaltrigen Männer haben mir nicht genug zu bieten.« Für alles hatte sie eine Erklärung parat und verbaute sich damit den Weg zu einer Partnerschaft, noch bevor sie richtig angefangen hatte, nach einem Kandidaten zu suchen. Vermutlich hatte sie Erfahrungen damit gemacht, dass ihre männlichen Altersgenossen jüngere Partnerinnen bevorzugen, und zu spüren bekommen, dass die verbleibenden Männer ihr nicht genügten. Statt jedoch ihr Netz weiter auszuwerfen und Erfahrungen zuzulassen, die ihr Weltbild möglicherweise in Frage stellen würden, zog sich Marissa auf den einmal gebildeten Standpunkt zurück.

In zurückliegenden Lebensphasen erlittene Verletzungen, Zurückweisungen und Enttäuschungen färben Ihren Eintritt in eine neue Beziehung. Ein Neuanfang gelingt besser, wenn Sie sich die alten Ängste bewusst machen, die Sie heute daran hindern, sich auf einen neuen Partner einzulassen.

ÜBUNG:
WELCHEN BALLAST SCHLEPPEN SIE
MIT ZU IHREN DATES?

Um die aus früheren Beziehungen gewonnenen hemmenden Überzeugungen daran zu hindern, Ihnen bei Ihrem nächsten Date im Weg zu stehen, müssen Sie sie zunächst als das erkennen, was sie sind. Hierzu malen Sie einen großen Koffer in Ihr Tagebuch und füllen ihn mit all den negativen Vorstellungen, Erfahrungen und Gefühlen, die Sie aus zurückliegenden Beziehungen in sich angesammelt haben.

Manchmal klagen Frauen in meiner Praxis: »Männer haben keine Lust, zu heiraten.« Oder: »Männer mögen mich nicht, weil ich beruflich erfolgreich bin.« Sobald man jedoch die nackten Fakten untersucht und sich nicht mehr mit der dazu erfundenen Geschichte zufriedengibt, werden Veränderungen möglich. Die Klientin, die überzeugt war, dass Männer nicht gern heiraten, musste zugeben, dass es dennoch sehr viele verheiratete Männer gibt. Ja, zu mir kommen sogar gerade deshalb viele Männer, weil sie sich nach einer Lebensgefährtin und einer Beziehung sehnen. Diese Tatsache wollen Frauen, die zu viel Ballast mit sich herumtragen, auch dann nicht akzeptieren, wenn sie sich mit Männern in ein und demselben Kurs befinden. Solche Frauen verpassen etwas, was sich direkt vor ihrer Nase befindet.

Die andere Klientin, für die ich als Coach tätig war und die meinte, Männer würden vor ihrem Erfolg und ihrer Macht zurückschrecken, erkannte mit der Zeit, dass der richtige Mann sie gerade um ihres Erfolgs und ihrer Macht willen begehrte. Beide Klientinnen hatten, als ich mit ihnen zu arbeiten begann, Leid, Mangel und Ablehnung als ihre Ausgangsbasis. Sobald es ihnen gelungen war, diesen Ballast abzuwerfen, verfügten sie über den erforderlichen Raum, um andere Möglichkeiten zuzulassen. Die »erfolgreiche« Klientin konnte sich dann sagen: »Der richtige Mann wird meine Fähigkeiten und Begabungen zu schätzen wissen.« Die andere glaubte nun: »Viele Männer heiraten, und der für mich richtige Mann wird sich auf eine feste Bindung mit mir einlassen.« Diese Aussagen aktivierten die positive Energie, die die beiden Frauen nun auf sich selbst und ihre Zukunft richten konnten.

Wenden Sie sich jetzt Ihrem Tagebuch zu und befassen Sie sich mit dem Inhalt Ihres Ballastkoffers. Identifizieren Sie den Ursprung jeder Ihrer alten Überzeugungen und halten Sie ihn in Ihrem Tagebuch fest. Finden Sie heraus, welchen Einfluss diese Person, dieses Ereignis, diese Sache auf Sie genommen hat, und machen Sie sich bewusst, wie viel Raum und negative Energie Sie jener Last bisher zugestanden haben.

Es ist nicht möglich, Geschehenes nachträglich zu ändern. Im Leben eines jeden Menschen ereignen sich nun einmal gute und schlechte Dinge. Wir haben jedoch die Aufgabe, etwas aus den Ereignissen zu lernen und dann das beiseitezulegen, was uns nicht mehr länger dienlich ist. Ihr Schmerz ist wahr, und Sie können ihn nicht leugnen. Spüren Sie ihn, entlassen Sie ihn und verwehren Sie ihm damit einen schädlichen Einfluss auf Ihre Zukunft.

Beschäftigen Sie sich mit den konkreten Tatsachen Ihrer traumatischen Erfahrung. Anna zum Beispiel musste erleben, dass ihr Vater eine Affäre hatte. Eine Tatsache. Dass Anna in der Folge meinte, ein schlechtes Urteilsvermögen zu haben und Männern nicht trauen zu können, war jedoch nur die Geschichte, in die sie die eigentliche Tatsache verpackte. Ist diese Geschichte wirklich die richtige Schlussfolgerung aus dem konkreten Ereignis? Annas Vater kam mit ihrer Mutter nicht zurecht, das hatte jedoch nichts mit Anna zu tun. Anna bezog die Ereignisse in einem emotionalen Augenblick auf sich und ließ es zu, dass hinfort alle ihre Beziehungen zu Männern unter diesem Schatten standen.

Dem Gesetz der Anziehung gemäß ziehen Sie so lange Leid an, wie Sie an dem zurückliegenden schmerzhaften Ereignis und an der darum herumgewobenen Geschichte festhalten. Hingegen minimieren Sie die Wahrscheinlichkeit, frühere negative Erfahrungen zu wiederholen, wenn Sie sie aufarbeiten und loslassen. So schaffen Sie Raum für die neue Art Beziehung, die Sie in Ihr Leben holen wollen.

Lassen Sie uns einen Blick in Ihren Ballastkoffer werfen, damit wir sehen, was Sie mitschleppen und wie Sie sich davon befreien können. Jetzt wollen wir Ihre Vorurteile hinterfragen.

ÜBUNG:
DEN BALLASTKOFFER AUSPACKEN

In dieser Übung werden Sie Ihre Vorurteile untersuchen und ablegen, damit Sie hinfort mit leichtem Gepäck reisen, zum Beispiel:

Überzeugung   ⟶   *Aufforderung*

Männer werden mich verlassen.

Nicht alle Männer verlassen ihre Frauen. Viele von ihnen pflegen langjährige Partnerschaften. Ich bin fähig, eine fortdauernde, auf Vertrauen basierende Beziehung zu führen.

Jetzt sind Sie an der Reihe. Sie haben Ihren Ballastkoffer in Ihr Tagebuch gemalt und hineingeschrieben, was Sie an alten Vorstellungen mit sich herumtragen. Zeichnen Sie nun jeweils einen Pfeil, um auf Ihre neue Einstellung zu verweisen, und halten Sie diese neue, die alte in Zweifel ziehende Überzeugung schriftlich fest. Bitte stellen Sie Ihre alten Überzeugungen ab sofort regelmäßig in Frage.

Bringen Sie alte Beziehungen zu einem tatsächlichen Abschluss

Damit Sie in einer neuen Partnerschaft wirklich präsent sein können, ist es wichtig, frühere Beziehungen tatsächlich abzuschließen. Das bedeutet, dass Sie sich mit dem Ende der alten Partnerschaft abfinden und alle Reue, Enttäuschung und jede möglicherweise noch bestehende Sehnsucht zu den Akten legen. Ihre Bemühungen sind dann erfolgreich, wenn Sie dem Ex auf der Straße begegnen können, ohne wütend zu werden oder sich irgendwie unbehaglich zu fühlen.

Die nachfolgende Übung wird Sie darin unterstützen, alte Beziehungen ad acta zu legen. Sie können sie für sich allein und in Gedanken machen, aber noch wirkungsvoller ist sie im persönlichen Gespräch. Sollten Sie sich dazu durchringen, Kontakt zu einem früheren Partner aufzunehmen, dann überlegen Sie sich vorher genau, was Sie sagen wollen. Es kann positiv oder negativ sein. Vielleicht hatten Sie nie die Gelegenheit, ihm zu sagen, wie traurig Sie waren, als er sie betrog, oder aber Sie hatten umgekehrt nie die Möglichkeit, ihn wissen zu lassen, wie Sie ihn geliebt und die Zeit mit ihm genossen haben, auch wenn es am Ende nicht funktioniert hat.

Was immer Sie aus vorangegangenen Partnerschaften festhalten, es ist Zeit, sich davon zu lösen. Bitten Sie Ihren Ex-

Partner, Ihnen fünf Minuten zuzuhören, damit Sie einen Schlussstrich ziehen können. Was Sie suchen, ist kein Dialog, und Sie erwarten auch keine Antwort von ihm. Doch könnten Sie ihm anbieten, seine Entgegnung anzuhören, damit auch er die Chance hat, einen endgültigen Abschluss zu finden. Es geht nicht darum, die Beziehung in vielleicht anderer Form aufrechtzuerhalten oder mit ihm irgendetwas anderes für die Zukunft zu arrangieren. Sie wollen lediglich das Gewesene zu den Akten legen, damit die Vergangenheit ruhen kann.

Vielleicht haben Sie beim Lesen dieser Vorschläge Bedenken und meinen: »Das ist doch verrückt! Mein Ex wird meinen, dass ich noch immer etwas von ihm will, wenn ich ihn nach fünf Jahren nun plötzlich anrufe!« Als ich meinen Verflossenen vor Jahren anrief, hatte ich die gleichen Zweifel. Dann machte ich mir klar, dass ich diesen Schritt für mich ging und dass seine Reaktion seine Sache und für mich nicht wichtig war. Mein Ziel war es, die Gefühle, die mich blockierten, zum Ausdruck und damit zum Abschluss zu bringen. Außerdem, was ist wohl verrückter: den Kontakt mit jemandem aus der eigenen Vergangenheit aufzunehmen oder es zuzulassen, dass die Vergangenheit die Zukunft bestimmt? Indem Sie einen vollständigen Abschluss erreichen, befreien Sie nicht nur sich selbst, sondern ermöglichen es auch früheren Partnern, sich von Ihnen zu lösen und mit ihrem Leben weiterzukommen.

In dieser Übung konzentrieren Sie sich auf das Loslassen. So können Sie sich mit jemandem verabreden, ohne all Ihre Ehemaligen im Schlepptau zu haben.

Beginnen Sie, indem Sie Ihre bisherigen Beziehungen aufzählen. Dann notieren Sie bei jedem Namen Ihre Gefühle wie etwa Enttäuschung oder Reue und formulieren außerdem, was Sie oder Ihr Partner hätten anders machen müssen.

Nehmen Sie sich danach Ihre Liste vor und beantworten Sie die nachfolgenden Fragen für jeden einzelnen Ihrer bisherigen Partner. Rufen Sie sich das Gesicht Ihres Ehemaligen ins Gedächtnis und halten Sie Ihre Antworten im Tagebuch fest:

- Was können Sie bereitwillig loslassen?
- Wofür übernehmen Sie die Verantwortung?
- Was können Sie problemlos verzeihen?
- Welche Möglichkeiten eröffnen sich Ihnen jetzt, da Sie loslassen?

Picken Sie sich die Rosinen heraus

Ihre Erfahrung wächst mit jeder gescheiterten Beziehung. Selbst aus der schlimmsten Situation kann man immer noch etwas profitieren. Vielleicht vermeiden Sie es ja in Zukunft, sich auf verheiratete Männer einzulassen, oder Sie sprechen schon im Anfangsstadium Ihrer Beziehung über das, was Sie sich von ihr erhoffen. Statt gescheiterte Partnerschaften als Beweis Ihrer mangelnden sozialen Kompetenz zu begreifen, betrachten Sie sie doch als Quelle des neuen Wissens, das Ihnen jetzt zur Verfügung steht.

Bevor Sie sich endgültig von Ihrer früheren Flamme verabschieden, denken Sie lieber darüber nach, welche klugen Schlüsse Sie für sich aus der Erfahrung ziehen können. Schließen Sie die Augen und stellen Sie sich vor, wie Sie auf der Beziehungsleiter einen Schritt nach dem anderen nach oben klettern, um schließlich Ihrem Traumpartner zu begegnen. Machen Sie sich bei jedem Schritt klar, was Sie dazugelernt haben. Geben Sie sich Mühe, die möglicherweise noch mitschwingenden negativen Gefühle zu überwinden, und destillieren Sie aus der beendeten Partnerschaft die Erkenntnisse heraus, die Sie voranbringen. Fragen Sie sich, wie Ihnen das erworbene Wissen auf Ihrem Weg nützen kann. Stellen Sie diese Untersuchung bei jeder Ihrer zurückliegenden Beziehungen an. Wenn Sie alle Ehemaligen durchhaben, dann dürfen Sie sich an Ihrem neuen Status als »erfahrene Beziehungssucherin« erfreuen.

Bearbeiten Sie Ihre unterschwelligen Gefühle

Sobald Sie Ihr Ballastgepäck abgestellt, das Motto Ihrer Beziehungssuche erforscht und Ihre alten Beziehungen endgültig beiseitegelegt haben, sollten Sie die Gefühle angehen, die dem Schmerz in Ihrem Herzen zugrunde liegen.

Sherry war 56 Jahre alt und geschieden. Ihr Mann hatte sie wegen seiner Sekretärin verlassen. Der Schock saß ihr noch lange in den Gliedern, und seither fühlte sie sich einsam. Vor ihrer Hochzeit hatte Sherry an Liebe, Treue, Vertrauen, Romantik und an die Dauerhaftigkeit der Ehe geglaubt. Folglich waren die Entscheidungen ihres Ehemanns für sie sehr schmerzhaft, aber sie führten auch dazu, dass Sherry ihre Einstellung zu Liebesdingen änderte.

Die Scheidung war ein dramatisches, aber nicht das einzige Kapitel in Sherrys Erfahrungsschatz. Sie hatte vor ihrer Ehe Beziehungen gehabt, und es stand ihr auch jetzt frei, neue Partner zu suchen, die andere Entscheidungen als ihr Ex-Mann trafen. Sobald Sherry dies begriff und ihren Mann emotional freigab, würde sie wieder Liebe und Vertrauen ausstrahlen und damit positive Möglichkeiten in ihr Leben lassen.

Jede Beziehung, die zerbricht, verursacht Schmerzen. Welchen Grund auch immer es für die Trennung gibt, sie bringt uns dazu, Mauern um unser Herz zu errichten. Wut, Verletzung, Trauer und Hilflosigkeit schaffen Blockaden. Hierzu gibt es ein interessantes wissenschaftliches Experiment, bei dem Ratten ein Stück Käse gezeigt wurde. Die Ratten sprangen hoch, um an den Käse zu kommen, konnten ihn jedoch nicht erreichen, weil sie stattdessen an den durchsichtigen Plastikdeckel ihres Käfigs stießen. Schließlich waren die Ratten so frustriert, dass sie, wenn ihnen der Käse gezeigt wurde, gar nicht mehr hochsprangen. Selbst dann nicht, wenn die Wissenschaftler den Käfigdeckel vorher entfernt hatten. Dieses Phänomen nennt man »erlernte Hilflosigkeit«. Wenn Sie es zulassen, dass frühere Enttäuschungen Sie blockieren, dann ergeht es Ihnen wie den Ratten, mit dem Unterschied, dass Ihr Käfig selbst gebaut ist. Lassen Sie es nicht zu, dass die in der Vergangenheit erlittenen Frustrationen Sie in der Zukunft an dem Sprung nach Ihrem Glück hindern. Bevor Sie die ersten schlechten Erfahrungen auf der Partnersuche gemacht haben, glaubten auch Sie an die Liebe und wussten, wie es sich anfühlt, mit beiden Händen Liebe und Vertrauen zu schenken und zu empfangen. Das ist der Normalzustand.

Die nächste Übung wird Ihnen helfen, zu Ihrer ursprünglichen Auffassung von der Liebe zurückzukehren, damit Sie die Beziehungssuche wieder mit mehr Offenheit angehen können.

ÜBUNG:
WAS TRAGEN SIE WIRKLICH IM HERZEN?

Mit Hilfe dieser Übung können Sie herausfinden, wie Sie über Beziehungen dachten, bevor Sie das letzte Mal schlechte Erfahrungen gemacht haben. Sie wird Sie daran erinnern, dass Ihr letztes Debakel lediglich ein Kapitel in Ihrer persönlichen Geschichte der Liebe darstellt. Hinter all Ihrem Leid wartet Ihr wahres Ich darauf, befreit zu werden.

Malen Sie ein großes Herz in Ihr Tagebuch, groß genug, dass es zwei gegenüberliegende Seiten füllt. Schreiben Sie hinein, was Sie ursprünglich einmal über die Liebe dachten. Notieren Sie all diese verschütteten Gefühle und denken Sie dann über sie nach, als seien sie neu und frisch. Kümmern Sie sich nicht um die Frage, warum Sie Ihre ursprünglichen Vorstellungen über Bord geworfen haben. Konzentrieren Sie sich allein auf das Prickeln von Neuheit, Optimismus und Hoffnung, das mit Ihrer eigentlichen Auffassung von der Liebe verbunden war. Das Vergangene liegt hinter Ihnen. Erinnern Sie sich daran, was in Ihrem Herzen war, bevor Sie zum ersten Mal verletzt wurden, damit Sie diese Energie nach außen strahlen. Erobern Sie sich die Macht der Liebe als Bestandteil Ihrer persönlichen Ausstrahlung zurück.

Entscheidenden Einfluss auf Ihr unbewusstes Verhalten, der Sie in Ihrer Beziehungssuche beeinträchtigen kann, nimmt außerdem die kindliche Beziehung zu Ihrem gegengeschlechtlichen Elternteil und die Beziehung Ihrer Eltern zueinander. Im nächsten Kapitel wollen wir untersuchen, wie diese beiden Faktoren Ihre romantischen Vorstellungen und Erwartungen geformt haben.

3.

Entdecken Sie Ihren persönlichen Bauplan – Beziehungen der Kindheit durchschauen

Die zwischenmenschlichen Beziehungen, die ein Mensch in seiner Kindheit hat, nehmen starken Einfluss auf alle weiteren in seinem Leben. Die Dynamik zwischen Ihnen und Ihrem Vater sowie die zwischen Mutter und Vater wirken sich entscheidend darauf aus, wie Sie selbst in einer Beziehung funktionieren. Alice' Eltern zum Beispiel trugen in ihrer Ehe unablässig Machtkämpfe aus. Ihre Mutter nörgelte und beklagte sich fortwährend, und ihr passiver Vater fügte sich ihr schließlich grollend. In ihren ersten partnerschaftlichen Beziehungen als junge Frau wiederholte Alice diese Dynamik mit ihren jeweiligen Männern. Zuerst war alles wunderbar, doch dann fand sie Gründe, ihren Freund zu korrigieren und zu kontrollieren, so wie ihre Mutter es bei ihrem Vater getan hatte. Ihr eigenes Verhalten versetzte Alice in Erstaunen, denn sobald sie es sich bewusst gemacht hatte, fühlte sie sich davon abgestoßen. Es schien gerade immer dann zu geschehen, wenn sie einmal nicht aufpasste.

Die Beziehungsdynamik der Eltern ist nicht ohne Wirkung auf die Kinder. Sie macht ihren Einfluss geltend, sobald die Kinder erwachsen werden und eigene Partner suchen. Ein jeder von uns zieht und pflegt seinen eigenen Beziehungsbaum (siehe Abbildung 2). Zwar haben wir ihn nicht gepflanzt und auch seine ersten Wachstumsstadien nicht bewusst erlebt, aber wir selbst entscheiden, was wir aus ihm machen. Welchen Ausdruck von Lebendigkeit (Gedanken, Gefühle, Erfahrungen und Überzeugungen) wird er wohl im Laufe der Zeit hervorbringen?

Die nächste Übung wird Sie darin unterstützen, eine Vision für Ihren Beziehungsbaum zu entwickeln und sein Wachstum in Ihrem Sinne zu fördern. Sehen Sie sich den Baum in Abbildung 2 an. Wie können Sie sich mit all seinen Bestandteilen aussöhnen, damit er gedeiht und sich ausbreitet?

ÜBUNG:
IHR BEZIEHUNGSBAUM

Malen Sie einen großen Baum in Ihr Tagebuch und lassen Sie in dem Bild Platz für schriftliche Ergänzungen. Die Wurzeln des Baums stellen das ursprüngliche Ereignis dar, die Löcher im Stamm repräsentieren die Fehlwahrnehmung, die Zweige sind die Auswirkung auf Ihr Leben, die

Blätter die bisher übersehenen positiven Aspekte, und das neue Wachstum sind die Überzeugungen, die Sie sich erwerben müssen, um vorwärtszukommen. Die Abbildung zeigt ein Beispiel.

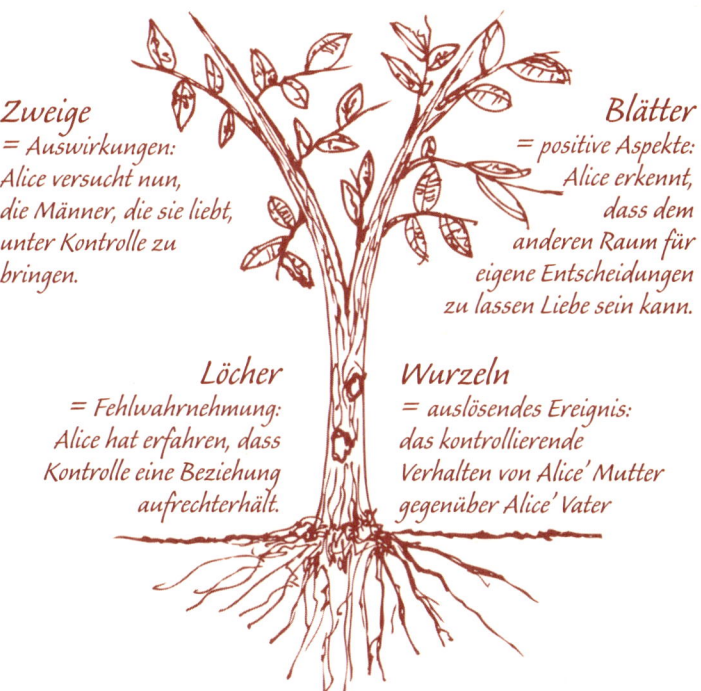

Zweige
= Auswirkungen:
Alice versucht nun,
die Männer, die sie liebt,
unter Kontrolle zu
bringen.

Blätter
= positive Aspekte:
Alice erkennt,
dass dem
anderen Raum für
eigene Entscheidungen
zu lassen Liebe sein kann.

Löcher
= Fehlwahrnehmung:
Alice hat erfahren, dass
Kontrolle eine Beziehung
aufrechterhält.

Wurzeln
= auslösendes Ereignis:
das kontrollierende
Verhalten von Alice' Mutter
gegenüber Alice' Vater

Neues Wachstum = erforderliche Handlung:
Alice muss ihrem Partner Raum geben, damit er seine eigenen
Entscheidungen treffen und sich selbst zum Ausdruck bringen
kann. Erst dann können beide erfahren, welche Schönheit ihrer
Beziehung innewohnt. Alice' Affirmation könnte lauten:
»Ich lasse meinem Partner die Freiheit, die er braucht,
um sein Leben in Frieden und mit Respekt zu führen.«

Abbildung 2: Der Beziehungsbaum

Nun wollen wir uns mit der Beziehung befassen, die Sie als Tochter zu Ihrem Vater hatten, und damit, wie sie sich auf Ihre gegenwärtige Einstellung zu Beziehungen auswirkt.

Den Papa vom Sockel holen

Die Beziehung zu Ihrem Vater war die erste Liebesgeschichte in Ihrem Leben und hat dadurch tiefgreifenden Einfluss auf all Ihre zukünftigen Beziehungen zu Männern, ob Ihnen das nun klar ist oder nicht. Es ist sehr wichtig, diese frühen Gefühle freizulegen und mit ihnen die Geschichte, in die Sie diese Emotionen eingewoben haben. So entlassen Sie schmerzhafte Empfindungen und erhalten die Gelegenheit, mit einem Partner etwas Neues zu erschaffen, statt immer nur Altes zu wiederholen. Indem Sie die Vergangenheit abschließen, schaffen Sie in der Gegenwart Raum für eine bewusste, erwachsene Partnerschaft.

Jennifer hatte einen kontrollsüchtigen Vater, der sie anschrie und zum Weinen brachte. Aus dieser Erfahrung lernte sie, ihre Meinung für sich zu behalten und auf Widerworte zu verzichten. Als sie selbst erste eigene Beziehungen anbahnte, sagte sie ihrem jeweiligen Freund nie, was sie brauchte, um glücklich zu sein. Da sie ihre Gefühle in sich hineinfraß, hatte sie in der Folge mit Panikattacken zu kämpfen. Sie erwartete, dass ihr Freund genauso reagieren würde, wie sie es von ihrem Vater kannte.

Nach und nach erkannte Jennifer, dass die Wut ihres Vaters sie zwar damals als Kind eingeschüchtert hatte, dass ihr aber heute als Erwachsene durchaus andere Mittel zur Verfügung standen, um sich gegen ihren Vater zu wehren. Allmählich ermöglichte ihr diese Erkenntnis ein anderes Umgehen mit Männern. In kleinen Schritten teilte sie ihrem jeweiligen Partner ihre Wünsche und Gefühle mit und merkte, dass nichts Schlimmes passierte. Mit der Zeit lernte sie, ihre Empfindungen und Bedürfnisse angemessen auszudrücken und zu authentischeren und gesünderen Partnerschaften zu finden.

Die Beziehung, die Sie als Kind zu Ihrem Vater hatten, determiniert Ihren Stil im Umgang mit Männern. In der nächsten Übung wollen wir diesen Sachverhalt genauer untersuchen.

ÜBUNG:
IHRE VATERBEZIEHUNG

Halten Sie in Ihrem Tagebuch die Antworten auf die folgenden Fragen zu Ihrer Vaterbeziehung fest:

- Was war gut an der Beziehung, die Sie in der Kindheit zu Ihrem Vater hatten?
- Was bereitete Ihnen Schwierigkeiten?
- Was hätten Sie von ihm gebraucht und haben es nicht erhalten?
- Welche Vorwürfe machen Sie Ihrem Vater noch heute?
- Sehen Sie Ihren Vater realistisch als den Menschen, der er ist und der er nicht ist?
- Können Sie ihm für das dankbar sein, was er Ihnen gegeben hat?
- Sind Sie bereit, jetzt das zu würdigen, was er Ihnen mitgegeben hat?

- Auf welche Weise würde Ihnen die resultierende emotionale Verschiebung in zukünftigen Partnerschaften dienen?
- Was würde es Sie kosten, diesen Schritt jetzt zu tun?

Viele Frauen haben eine gute Beziehung zu ihrem Vater und suchen einen Mann, der genauso wie er ist. Das kann man nachvollziehen, und es führt oft zu stabilen Partnerschaften, dennoch muss genau überprüft werden, ob dies eine erwachsene Wahl ist oder nur ein Trick, um weiter Kind zu sein und Papa doch noch irgendwie ganz für sich zu haben. Da die Programmierung unseres Unbewussten sehr hartnäckig ist, neigen wir dazu, das Bekannte zu wiederholen. Wenn es Ihnen gelingt, eine positive, von Akzeptanz geprägte Beziehung zu Ihrem Vater zu pflegen, dann sind Sie fähig, etwas Vergleichbares auch mit einem Ehemann zu schaffen. War Ihre Vaterbeziehung jedoch schwierig, dann ist es wichtig, dass Sie sich diese Tatsache bewusst machen, damit Sie nicht wieder den gleichen Typ Mann wählen oder eine ähnliche Beziehungsdynamik schaffen. Falls Sie in dieser Sache mehr Unterstützung brauchen, dann wenden Sie sich bitte an einen qualifizierten Psychotherapeuten, damit er Ihnen hilft, Ihre Verhaltensmuster besser zu durchschauen. Ob die Beziehung zu Ihrem Vater nun gesund oder von Streitereien geprägt war, sie wird Ihnen in Ihren Partnerschaften nützlich sein, sofern Sie sich diese bewusst machen und erkennen, welchen Einfluss sie auf Ihr gegenwärtiges Leben hat.

Die Dynamik der Elternbeziehung

Die erste Vorlage für die Qualität einer Partnerschaft wird Ihnen von Ihren Eltern geliefert. Es ist wichtig, diese Beziehung zu analysieren, damit Sie sie nicht wiederholen. Selbst wenn Ihre Eltern eine vorbildliche Ehe führ(t)en, gehört es zum Erwachsensein dazu, eigene Vorstellungen zu verwirklichen. Ihre Auffassung von einer Ehe könnte wunderbar und doch nicht identisch mit der Partnerschaft sein, die Ihre Eltern geführt haben.

Susans Eltern zum Beispiel folgten in ihrer Ehe nicht dem traditionellen Vorbild. Ihre Mutter kommandierte ihren Vater herum und verdiente den Lebensunterhalt der Familie. Nun hat Susan sich mit einem Mann eingelassen, der arbeitslos ist und in ihrem Haus wohnt, ohne finanziell etwas beizusteuern. Susan ärgert sich darüber und macht ihn ständig schlecht. Sie wusste, dass dieser Mann von ihr abhängig sein würde, warum also hat sie ihn ausgesucht? Solange sie die Qualität der Partnerschaft ihrer Eltern nicht durchschaut, kann sie in ihrer eigenen nicht spontan sein. Um wirklich die freie Wahl zu haben, muss sie die elterliche Vorlage durchschauen, die sie wiederholt.

Wir sind darauf eingestellt, das Vertraute zu tun. Damit Susan einen unabhängigen, selbstsicheren Mann wählen könnte, müsste sie vollkommen neue Verhaltensweisen als Partnerin entwickeln. Es könnte sich für sie sogar so anfühlen, als habe sie nicht das Heft in der Hand. Auch wenn Susan sich bewusst für diese grundlegende Veränderung entscheidet, auf der emotionalen Ebene wird sich das für sie vielleicht unangenehm anfühlen. Diesen Konflikt muss sie bewältigen, bevor sie eine neue Art von Beziehung für sich entwickeln kann.

Wenn Sie Ihr elterliches Beziehungsvorbild nicht durchschauen und sich nicht willentlich für eine andere Dynamik entscheiden, dann ist die Wahrscheinlichkeit groß, dass Sie es wiederholen. Damit Sie sich größere Klarheit über dieses Vorbild verschaffen können, sollten Sie die nachfolgenden Fragen in Ihrem Tagebuch für sich beantworten:

- Was war gut an der Beziehung Ihrer Eltern?
- Welche destruktiven Seiten hatte sie?
- Welche Rolle spielen diese Merkmale in Ihrer eigenen gegenwärtigen Beziehung?
- Was würden Sie gern anders machen?
- Wie können Sie die gewünschten Veränderungen verwirklichen?
- Was steht Ihnen im Wege?
- Wie kann es Ihnen gelingen, diese Hindernisse zu überwinden?

Die meisten Menschen nehmen sich die Beziehungsführung ihrer Eltern zum Vorbild, ohne das zu wollen. Sie ist von einer gewaltigen emotionalen Zugkraft, wenn sie nicht zuvor in einem Bewusstwerdungsprozess verarbeitet wurde. Nur die bewusste Auseinandersetzung mit dem elterlichen Beziehungsvorbild gestattet es uns, eine eigene, andere Wahl zu treffen. Denken Sie darüber nach, was Sie in Ihrer Partnerschaft anders machen und welche neue Dynamik Sie schaffen wollen.

Als Nächstes werden wir erfahren, wie sich die meisten Menschen einen defensiven Stil der Beziehungssuche aneignen, um sich Verletzungen zu ersparen. Wir wollen uns mit Ihren Verteidigungsstrategien befassen, und Sie lernen, diese zu überwinden, damit Sie in Zukunft Partnerschaften mit größerer Offenheit angehen können.

4.

Ihre defensive Strategie der Partner-suche – Alte Mauern bestimmen die Art der Beziehungsaufnahme

Wir wollen uns nichts vormachen: Dating kann furchterregend sein. Sie lernen einen vollkommen Fremden kennen und lassen es zu, dass er in Ihr Herz eindringt, nur um herauszufinden, ob er es wohl zerbrechen wird. Insbesondere dann, wenn Sie diese Erfahrung schon mehrmals machen durften, haben Sie sich vermutlich ein paar Tricks angeeignet, um sich zu schützen. Ich meine jetzt nicht, dass Sie Ihren Beziehungskandidaten durch einen Privatdetektiv ausschnüffeln lassen oder ihm gar selbst hinterherspionieren. Ich meine Ihren defensiven Stil der Partnersuche, der Ihnen selbst vermutlich nicht einmal bewusst ist. Haben Sie vielleicht eine Freundin, die jede Woche mit einem anderen Mann ausgeht, aber keinen wirklich an sich heranlässt? Sind all diese Männer in sie verliebt, aber ihr scheint an keinem von ihnen ernsthaft zu liegen?

Gemäß meiner Typologie wäre Ihre Freundin »die Unabhängige«. Um sich vor Verletzungen zu schützen, hat sie es sich angewöhnt, emotional auf Abstand zu gehen. Im Verlauf dieses Kapitels werden Sie fünfzehn verschiedenen Stilen der Partnersuche begegnen und können darüber nachdenken, in welchem Sie sich wiedererkennen.

Wenn Sie beispielsweise feststellen, dass Sie mehr in die Liebe als in den Partner verliebt sind, dann sind Sie »die Romantikerin«. Sie machen mit Ihren dramatischen Gefühlen und Gesten Eindruck auf Partner, die Sie gar nicht richtig kennen. Dieser Stil hindert Sie daran, wahre Liebe und den anderen Menschen wirklich kennenzulernen, und macht es Ihrem Partner auch auf lange Sicht unmöglich, einen tiefen Zugang zu Ihnen zu finden.

Jeder Stil der Partnersuche ist Ausdruck des Versuchs, Sicherheit innerhalb einer Beziehung zu schaffen. Samantha zum Beispiel war »die Bedürftige«. Für sie bedeutete eine liebevolle und hingebungsvolle Partnerschaft, dass man alles gemeinsam tat. Für sie war Bedürftigkeit das Gleiche wie Liebe. Ihre Mutter führte dieselbe Art co-abhängiger Beziehung mit Samantha und ihrem Ehemann. Unter »Co-Abhängigkeit« versteht man einerseits die Situation des engen Umfelds von Suchtkranken (also die Lage ihrer Partner, Kinder oder Eltern), andererseits eine Liebes- oder Beziehungssucht, die im Extremfall so weit gehen kann, dass man an einer Partnerschaft festhält, obwohl man an ihr zu zerbrechen droht.

Mit der Zeit durchschaute Samantha ihren defensiven Stil der Partnersuche und erarbeitete sich eine neue Definition des Begriffs »Liebe«. Schließlich sprach sie erst dann von Liebe, wenn zwei unabhängige Menschen miteinander in Beziehung traten. Ihre veränderte Einstellung ermöglichte es ihr, einen entsprechenden Partner und eine erfüllende Beziehung anzuziehen.

Kim war »die Spielerin«. Als sie jung war, lernte sie, ihre Gefühle zu verbergen und alle Angelegenheiten an der Oberfläche zu halten. Ihre Familie zog häufig um, und sie gewöhnte es sich an, die Aufmerksamkeit auf sich zu ziehen, indem sie auf Partys die Gute-Laune-Königin gab. So konnte sie rasch Leute kennenlernen, ohne jemals ihr Innerstes preisgeben zu müssen. Mit Hilfe dieser Strategie verhinderte Kim, dass ihr jemand zu nahekam und sie möglicherweise verletzte. Diese Verhaltensweise wirkte sich auch auf ihre Beziehung zu Männern aus.

Mit der nachfolgenden Übung können Sie herausfinden, welchen defensiven Stil der Partnersuche Sie bevorzugen. Dann wenden wir uns der Frage zu, wie Sie dieser Stil behindert und was Sie dagegen unternehmen können. Indem Sie sich Ihre Gewohnheiten bei der Partnersuche vor Augen führen, erkennen Sie die zugrunde liegende psychologische Struktur sowie ihre Einschränkungen und erlangen die Freiheit, sich anders zu entscheiden.

Sehen Sie sich die nachfolgende Liste an – was meinen Sie, welcher der Begriffe passt zu Ihnen? Raten Sie zunächst und machen Sie dann den dazugehörigen Test:

- die Aristokratin,
- die Drückebergerin,
- die Kontrollsüchtige,
- die Impulsive,
- die Unabhängige,
- die Bedürftige,
- die Partylöwin,
- die Passiv-Aggressive,
- die Perfektionistin,
- die Gefallsüchtige,
- die Helferin,
- die Romantikerin,
- die Zweiflerin,
- die Partnerschaftssüchtige,
- die Spielerin.

Test: Ihr defensiver Stil der Partnersuche

Notieren Sie in Ihrem Tagebuch, wie oft Sie bei den jeweiligen Typen eine Frage mit einem »Ja« beantworten. Wenn Sie dreimal oder öfter mit »Ja« antworten, dann haben Sie Ihren de-

fensiven Stil der Partnersuche gefunden. Machen Sie dennoch den vollständigen Test, denn es könnte sein, dass Sie sich mehrerer Stile zugleich bedienen oder aber ein Mischtyp sind und sich auf diese Weise in einer Beziehung vor Verletzungen schützen.

Die Aristokratin:

1. Erwarten Sie, dass alle sich immer nach Ihnen richten?
2. Erwarten Sie, ständig bedient zu werden?
3. Sind Sie häufig unzufrieden damit, wie wenig Anstrengung andere um Ihretwillen auf sich nehmen?
4. Erwarten Sie, angehimmelt zu werden, während Sie selbst sich eher unnahbar geben?
5. Bekommen Sie oft zu hören, dass Sie anstrengend sind?

Die Drückebergerin:

1. Neigen Sie dazu, wichtige Angelegenheiten auf später zu verschieben?
2. Drücken Sie sich vor Aufgaben, die Ihnen Angst machen?
3. Geben Sie Versprechen, die Sie nicht halten, und decken sich folglich Ihre Taten nicht mit Ihren Worten?
4. Verpassen Sie gute Gelegenheiten, weil Sie immer noch damit beschäftigt sind, sie zu analysieren?
5. Sagen andere von Ihnen, dass Sie Angst haben, Entscheidungen zu treffen?

Die Kontrollsüchtige:

1. Übernehmen Sie innerhalb Ihrer Beziehung gern die Kontrolle?
2. Ziehen Sie es vor, wenn Sie alle Entscheidungen für Sie beide gemeinsam treffen?
3. Setzen Sie Ihren Gefährten unter Druck, damit er Ihre Erwartungen erfüllt?
4. Wirft man Ihnen vor, dass Sie immer die Führung an sich reißen?
5. Beklagen sich Partner bei Ihnen, dass sie nicht mit Ihnen und Ihren Standards mithalten können?

Die Impulsive:

1. Rät man Ihnen immer wieder, dass Sie sich mehr Zeit für Entscheidungen nehmen sollten?
2. Geben Sie auf, bevor Sie sich die Gelegenheit zugestanden haben, jemanden richtig kennenzulernen?
3. Gehen Sie Risiken ein, ohne zuvor in Ruhe nachgedacht zu haben?
4. Ergehen Sie sich lieber in Vermutungen, als eine Situation auch tatsächlich zu durchleben?
5. Vermeiden Sie Beziehungen, die Ihnen irgendwie vorhersagbar erscheinen?

Die Unabhängige:

1. Verlassen Sie sich mehr auf Ihren Intellekt als auf Ihr Gefühl?
2. Ist es Ihnen unangenehm, verletzbar zu sein?
3. Wird Ihnen vorgehalten, dass Sie sich nicht groß um Ihre Dates scheren?
4. Bedeutet es für Sie eine Herausforderung, Ihre Gefühle zum Ausdruck zu bringen?
5. Sagen die Leute von Ihnen, dass Sie kalt oder hochnäsig sind?

Die Bedürftige:

1. Erwarten Sie von Ihrem Partner, dass er Ihnen ständig zur Verfügung steht?
2. Wünschen Sie sich, dass Ihr Partner Sie rettet oder Ihr Leben in Ordnung bringt?
3. Bitten Sie Ihren Partner häufig um Hilfe oder um Anleitung?
4. Erwecken Sie den Anschein, als ob Sie Ihr Leben allein nicht meistern?
5. Brauchen Sie sehr viel Fürsorge und Aufmerksamkeit, um ein glückliches Leben führen zu können?

Die Partylöwin:

1. Erhalten Sie nur Beziehungen aufrecht, bei denen der Spaßfaktor stimmt?

2. Ergreifen Sie die Flucht, sobald sich Schwierigkeiten oder eine feste Bindung am Horizont zeigen?
3. Gehen Sie schmerzhaften Erfahrungen in Ihrem Leben aus dem Weg?
4. Fällt es Ihnen schwer, Ernsthaftigkeit an den Tag zu legen?
5. Wird Ihnen gelegentlich geraten, endlich erwachsen zu werden?

Die Passiv-Aggressive:

1. Haben Sie Mühe, Ihrem Partner gegenüberzutreten, wenn Sie sich ärgern?
2. Wundern sich Ihre Partner gelegentlich darüber, warum Sie wütend sind, obwohl Sie selbst Ihre Wut gar nicht wahrnehmen?
3. Erzeugen Sie Probleme, damit Sie sich von einem Partner distanzieren können?
4. Fällt es Ihnen schwer, mit anderen über die Ursache Ihrer Wut zu sprechen?
5. Beklagt man sich bei Ihnen, dass Sie andere indirekt verletzen?

Die Perfektionistin:

1. Finden Sie an Ihren Partnern für gewöhnlich etwas auszusetzen?
2. Konzentrieren Sie sich mehr auf die Fehler als auf die guten Seiten Ihrer Gefährten?

3. Scheint jeder, den Sie kennenlernen, für Sie irgendwie nicht gut genug zu sein?
4. Bringen Sie viel Zeit damit zu, irgendetwas zu bedauern oder einer Sache nachzutrauern?
5. Glauben Sie daran, dass Sie jemals den perfekten Partner finden werden?

Die Gefallsüchtige:

1. Ist es für Sie wichtiger, jemandem zu gefallen als umgekehrt?
2. Passen Sie sich für gewöhnlich den Bedürfnissen des Partners an, statt Ihre eigenen zu erfüllen?
3. Ist es eher unwahrscheinlich, dass Sie in einer Beziehung die Erfüllung Ihrer Bedürfnisse einklagen?
4. Haben Sie immer wieder das Gefühl, dass Sie Bestleistungen erbringen müssen, um der Liebe eines anderen wirklich wert zu sein?
5. Raten andere Ihnen, häufiger Ihre Wünsche zum Ausdruck zu bringen?

Die Helferin:

1. Empfinden Sie Ihre Partner als »Sozialfälle«, die gerettet werden müssen?
2. Verbringen Sie viel Zeit damit, die Situation Ihrer Partner zu verbessern?
3. Gibt Ihnen Ihre Fürsorglichkeit das Gefühl, eine Heldin zu sein?

4. Sagen andere von Ihnen, dass Sie sich immer Verlierer als Partner aussuchen?
5. Hatten Sie irgendwann einmal einen zufriedenen und glücklichen Lebenspartner?

Die Romantikerin:

1. Romantisieren Sie jeden, den Sie kennenlernen?
2. Denken Sie schon nach der ersten Verabredung daran, den Betreffenden zu heiraten?
3. Stellen Sie Ihren Beziehungskandidaten auf ein Podest, noch bevor Sie sich richtig kennengelernt haben?
4. Heißt es von Ihnen, dass Sie mehr in die Liebe als in Ihren Partner verliebt sind?
5. Verschrecken Sie Ihre Partner mit großartigen Gesten?

Die Zweiflerin:

1. Sind Sie der Meinung, dass jede Beziehung von vornherein zum Scheitern verurteilt ist?
2. Werden Sie von anderen oft als Mensch mit negativer Einstellung bezeichnet?
3. Denken Sie häufiger daran, wie es ist, verletzt zu werden, als daran, wie es sich anfühlt, glücklich zu sein?
4. Haben Sie den Eindruck, dass Ihr Liebesleben keine Perspektive hat?
5. Haben Sie Angst, sich auf Verabredungen mit einem möglichen Partner einzulassen?

Die Partnerschaftssüchtige:

1. Befinden Sie sich immer nur in auf Dauer angelegten Beziehungen?
2. Werden Sie von anderen gelegentlich gefragt, was Sie in Ihrem Partner eigentlich sehen?
3. Vermeiden Sie es, Single zu sein, und hassen Sie das Alleinsein?
4. Vermeiden Sie es, mit mehreren Beziehungskandidaten gleichzeitig auszugehen?
5. Ist für Sie die Beziehung, in der Sie sind, wichtiger als der Partner, den Sie gewählt haben?

Die Spielerin:

1. Wechseln Sie von einem Partner zum nächsten?
2. Bekommen Sie Herzklopfen, wenn Sie an all die Eroberungen denken, die Ihnen schon gelungen sind?
3. Halten Ihre Mitmenschen Sie für verantwortungslos?
4. Heißt es von Ihnen, dass Sie oberflächlich und wirklichkeitsfremd sind?
5. Fühlen Sie sich stärker, wenn Sie auf der »Jagd« nach einem Mann sind, als wenn die Beziehung zustande gekommen ist?

Wie Sie Ihre Beziehungssuche verändern können

Nun, da Sie Ihren defensiven Stil der Partnersuche kennen, ist es an der Zeit herauszufinden, wie, wann und warum Sie ihn sich zu eigen gemacht haben. Vergessen Sie nicht, dass es sich bei den Ursachen, die ich vorgeschlagen habe, lediglich um Möglichkeiten handelt; grundsätzlich sind sie natürlich abhängig von der jeweiligen Person und Situation. Meine Typologie bietet Ihnen eine Auswahl verschiedener Stile, die dem Schutz vor Verletzungen in der Liebe dienen und in denen Sie sich möglicherweise wiedererkennen. Nun will ich Ihnen helfen, Ihr Wissen um die verschiedenen Stile der defensiven Beziehungsanbahnung zu vergrößern, damit Sie Ihre eigenen Herangehensweisen verbessern können.

Die Aristokratin

»Alles dreht sich nur um mich.«
Hilda war es gewohnt, dass sich alle Welt nach ihr richtete. Als Kind war sie »Papas Prinzessin« gewesen und erwartete nun, dass ihre Partner sie genauso vergötterten. Männer zeigten sich anfangs oft fasziniert von ihrem Selbstbewusstsein, doch mit der Zeit wünschten sie sich mehr gegenseitiges Bemühen.

Es ist gut zu wissen, wer man ist und was man will, aber in einer Partnerschaft geht es um beide. Für eine gesunde Beziehung ist es erforderlich, die Bedürfnisse des Gefährten genauso zu verstehen und zu berücksichtigen wie die eigenen.

Mögliche Ursache:
Vielleicht hat man Sie als Kind unablässig bedient und Ihnen jeden Wunsch von den Augen abgelesen. Von Ihnen wurde nicht erwartet, darüber nachzudenken, wie Ihr Handeln bei Ihren Mitmenschen ankommt, weil sich alle Aufmerksamkeit ausschließlich auf Ihr Wohlergehen richtete.

Gegenmaßnahme:
Verzichten Sie darauf, ständig nachzurechnen, was Sie alles in eine Beziehung investieren. Stellen Sie um der Gemeinschaftlichkeit willen gelegentlich Ihre Wünsche zurück und lernen Sie die Vorteile einer auf Gleichberechtigung beruhenden Partnerschaft kennen.

Die Drückebergerin

»Warum soll ich es heute schon erledigen, wenn es auch morgen noch geht?«
Rebecca sprach immer wieder über ihre Beziehungssuche und über ihren Wunsch zu heiraten. Sie war Anfang vierzig und wünschte sich Kinder, doch irgendwie schaffte sie es nie, auch tatsächlich zu den Singlepartys zu gehen, die sie sich in den Kalender eingetragen hatte. Sie war auf vielen Online-Dating-Plattformen angemeldet, aber sie reagierte selten, wenn dort jemand versuchte, mit ihr Kontakt aufzunehmen. Wenn Rebecca es mit der Angst zu tun bekam, dann stimmte das, was sie sagte, nicht mehr überein mit dem, was sie tat. Sie zog sich in sich zurück.
Gelegenheiten gibt es viele, doch Angst kann uns daran hindern, Entscheidungen zu treffen, die uns jetzt nützen. Lassen

Sie es nicht zu, dass die Liebe Ihres Lebens an Ihnen vorbei-
geht, nur weil Sie zu beschäftigt damit sind, Verantwortung zu
vermeiden. Handeln Sie *jetzt.*

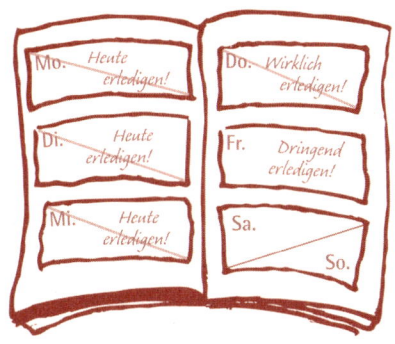

Mögliche Ursache:
Vielleicht war es in Ihrer Familie üblich, Angelegenheiten, die
erledigt werden sollten, auf die lange Bank zu schieben. Haben
sich Ihre Eltern Verzögerungstaktiken zurechtgelegt, weil sie
Angst hatten? Diese Strategie hemmt das Vorankommen; und
gute Gelegenheiten, die bei einer zeitnahen Reaktion da gewesen wären, lösen sich in Rauch auf.

Gegenmaßnahme:
Lassen Sie es nicht zu, dass Ängste Sie daran hindern, gute
Gelegenheiten beim Schopfe zu packen. Machen Sie kleine
Schritte, um realistische Ziele bei der Partnersuche zu errei-
chen, und feiern Sie jeden Sieg. Warten Sie nicht darauf, dass
die Liebe Sie findet.

Die Kontrollsüchtige

»Ich muss die Dinge in der Hand haben.«
Laura war begeistert, wenn sie einen Mann kennenlernte, der sich von ihr formen ließ. Sie schrie und jammerte, hielt Vorträge und gab Hinweise, bis sie ihn dazu gebracht hatte, sich ihren Vorstellungen zu unterwerfen. Am Ende verlor sie entweder den Respekt vor ihm, oder er verließ sie, weil er sich mit seinen Entscheidungen nicht ausreichend geachtet fühlte.
Es ist gut, das eigene Schicksal zu gestalten, aber Sie müssen anderen Menschen die Gelegenheit geben, für sich selbst zu entscheiden. Lassen Sie es nicht zu, dass Ihre Kontrollsucht das Miteinander und das Überraschungselement in Ihrer Beziehung zerstört.

Mögliche Ursache:
Es könnte sein, dass Ihre Eltern früher alle Entscheidungen für Sie getroffen haben und dass Sie meinen, als Erwachsene nun Ihrerseits Ihre Entscheidungsgewalt unter Beweis stellen zu müssen. Oder aber einer bzw. beide Elternteile ließen Sie an einer zu langen Leine laufen und zwangen Sie, schon früh Ihr Leben selbst in die Hand zu nehmen. Bestimmt ist es für Sie furchterregend, dem Partner gelegentlich zu gestatten, dass er für Sie beide entscheidet.

Gegenmaßnahme:
Erkennen Sie Ihre Angst, holen Sie tief Luft und gestehen Sie Ihrem Partner mehr Entscheidungsgewalt zu. Treten Sie einen Schritt zurück – Verantwortung abzugeben ist auch eine Entlastung. Finden Sie heraus, wie sich Ihr verändertes Verhalten auf Ihre Beziehung auswirkt.

Die Impulsive

»Ich springe erst und schaue dann.«
Amy lernte ständig irgendwelche Männer in Kneipen kennen und war jedes Mal sicher, den richtigen gefunden zu haben. Sie ging sofort mit ihnen ins Bett und war dann enttäuscht, wenn sie diese Männer näher kennenlernte.

Es ist eine gute Sache, in Beziehungsangelegenheiten kalkulierte Risiken einzugehen. Aber ebenso wichtig ist es, die Lage zu durchdenken, bevor man weitreichende Entscheidungen trifft. Sie sind offenbar ein Mensch, der Impulsen und Launen nachgibt. Sie springen mit beiden Beinen zugleich in die nächste Beziehung, noch bevor Sie den neuen Partner richtig unter die Lupe genommen haben. Es könnte sein, dass Sie in Zukunft besser fahren, wenn Sie sich anfangs mehr Zeit zugestehen. Nehmen Sie den Fuß vom Gas.

Mögliche Ursache:
Wahrscheinlich identifizieren Sie sich mit einem Familienmitglied, das Sie als besonders impulsiv erlebt haben. Diese Person fällte rasche Entscheidungen, ohne über Kosten und Nutzen nachzudenken – für sich selbst oder andere Familienmitglieder.

Gegenmaßnahme:
Lassen Sie sich Zeit. Fragen Sie Ihre Freundinnen und Freunde nach ihrer Meinung. Untersuchen Sie bei der Beziehungsanbahnung Ihre Entscheidungen auf Pro und Kontra. Warten Sie wenigstens vier Monate, bis Sie den Prozess des Kennenlernens in eine feste Beziehung verwandeln.

Ruf
mich an ♥

0555 1234

71

Die Unabhängige

»Ich wirke kühl und ichbezogen.«

Lisa war beliebt. Doch auf die Männer, mit denen sie flirtete, schien sie sich nie emotional einzulassen. Sie vermittelte den Eindruck, unabhängig und nicht auf sie angewiesen zu sein. Anfangs gefiel den Männern ihr Stil, weil Lisa keinen Druck auf sie ausübte, in sich zu ruhen schien und sich selbstbewusst gab. Doch mit der Zeit waren die meisten frustriert und verloren das Interesse an ihr, weil sie nie zu der Überzeugung gelangen konnten, für Lisa wichtig genug zu sein. Sie verloren die Lust, Zeit und Energie in eine Beziehung mit ihr zu investieren.

Es ist wunderbar, wenn man unabhängig ist, doch Ihr Partner will auch Ihre Wertschätzung spüren. Er möchte erfahren, dass er Ihnen wichtig ist und Ihnen etwas bedeutet. Diese Botschaft geht in Ihrer Indifferenz manchmal unter.

Mögliche Ursache:

Es könnte sein, dass Stolz eine Eigenschaft ist, die in Ihrer Familie sehr wichtig genommen wurde. Oder aber Sie durften Ihre wahren Gefühle nicht zeigen und mussten Ihre Verletzbarkeit verbergen.

Gegenmaßnahme:

Gewöhnen Sie sich an den Gedanken, dass Sie verletzbar sind. Zeigen Sie Gefühle und Wertschätzung. Offenbaren Sie in Ihrer Beziehung Ihr wahres Ich. Dann finden Sie heraus, was Sie verlieren, wenn Sie Ihren Stolz über Bord werfen, und stellen es dem gegenüber, was Sie hinzugewinnen.

Die Bedürftige

»Ohne Hilfe von außen schaffe ich mein Leben nicht.«
Loni kam aus einer Familie, in der sich alle sehr nahe-
standen, und sprach dreimal täglich mit ihrer Mutter,
obwohl sie in einer anderen Stadt lebte. Wenn sie mit Männern ausging, dann erwartete sie von ihnen, dass sie ihre Liebe
zeigten, indem sie ihre Wünsche erfüllten, noch bevor sie sie
geäußert hatte. Denn so war sie es von ihrer Beziehung zur
Mutter gewöhnt. Doch in einer Partnerschaft sind derartige
Erwartungen unangemessen und unrealistisch. Auch die
stärkste Liebe befähigt niemanden dazu, die Gedanken des geliebten Menschen zu lesen. Folglich endete jede Beziehungsanbahnung für Loni mit einer Enttäuschung.
Es ist gut, wenn man Hilfe annehmen kann, doch ist es ebenso
wichtig, auf den eigenen Beinen zu stehen. Gesunde Partnerschaften bestehen aus zwei starken Menschen, die für sich
selbst sorgen und sich darüber hinaus gegenseitig unterstützen.

Mögliche Ursache:
Vielleicht wurde Ihnen in Ihrer Familie unbewusst die Botschaft übermittelt, es sei schlecht, selbständig zu sein. Oder
aber Sie hatten kein Vorbild für eine erwachsene Beziehung, in
der beide Partner auf die Erfüllung ihrer eigenen Bedürfnisse
und zugleich auf das Wohlergehen des anderen achteten.

Gegenmaßnahme:
Machen Sie sich daran, selbst für die Erfüllung Ihrer Bedürf-
nisse zu sorgen, indem Sie für sich Raum beanspruchen und
Ihrem Partner Raum zugestehen. Machen Sie sich Ihre Angst

vor dem Verlassenwerden bewusst und überwinden Sie sie mit kleinen Schritten, die Ihre Unabhängigkeit fördern. Wenn Sie das nächste Mal das Bedürfnis spüren, sich von jemandem raten zu lassen, was Sie tun sollen, dann widerstehen Sie der Versuchung und denken Sie erst einmal selbst nach. Überprüfen Sie Ihre Möglichkeiten und treffen Sie selbst die Wahl. Das verlangt Übung, aber Sie werden es schaffen!

Die Partylöwin

»In meinen Beziehungen will ich vor allem Spaß haben.«
Anna arbeitete hart und feierte gern. Wenn sie sich auf eine Beziehung einließ, dann schreckte sie zurück, sobald sich Schwierigkeiten am Horizont zeigten. Sie war der Meinung, eine Partnerschaft müsse vor allem Spaß machen. Sobald ihr Freund »ernste Gespräche« mit ihr führen wollte oder Kompromisse von ihr verlangte, ergriff er die Flucht. Sie suchte dann auf der nächstbesten Party ihr Heil im Vergnügen, und er fühlte sich nicht ernst genommen.

Es ist schön, wenn das Leben und die Partnerschaft Spaß machen, aber den meisten Menschen ist klar, dass das Gelingen einer Beziehung Einsatz verlangt. Keine Beziehung und kein Mensch sind vollkommen; Herausforderungen gehören dazu. Bevor Sie das nicht erkennen, werden Sie keinen Anteil an einer tiefergehenden, reifen, lang anhaltenden Partnerschaft haben.

Mögliche Ursache:
Könnte es sein, dass einer Ihrer Eltern das Vergnügen den Pflichten vorangestellt und damit Ihnen und anderen von ihm

abhängigen Familienmitgliedern Energie entzogen hat? Ein von Vergnügungssucht bestimmtes Umfeld konnte Ihnen nicht die Sicherheit bieten, die Sie zum Aufwachsen gebraucht hätten. Vielleicht haben Sie sich angepasst und sich entschieden, das Leben auf die leichte Schulter zu nehmen und sich nicht zu sehr von anderen abhängig zu machen.

Gegenmaßnahme:
Machen Sie sich die Angst bewusst, die in Ihnen aufsteigt, wenn eine Beziehung plötzlich emotionale Anforderungen an Sie stellt. Statt das Weite zu suchen, stellen Sie sich der Situation und arbeiten Sie sich durch. Was ist anders, wenn Sie eine Beziehung ernst nehmen? Fühlen Sie sich dann unwohl, und entstehen Ängste? Laufen Sie davon, wenn sich Langeweile einstellt? Führen Sie Tagebuch darüber, was geschieht, wenn Sie sich auf einen Menschen festlegen und den Einsatz bringen, den eine wirklich partnerschaftliche Beziehung voraussetzt.

Die Passiv-Aggressive

»Ich lasse sie nach meiner Pfeife tanzen.«
Ellen hatte das Interesse an ihrem Freund verloren, aber sie hatte nicht den Mut, es ihm zu sagen. Sie verabredete sich mit ihm und versetzte ihn dann. Schließlich wurde er so wütend auf sie, dass er ihr den Laufpass gab. Ellen hatte ihr Ziel erreicht, ohne ihm reinen Wein einschenken zu müssen.

Expertin
für
zweideutige
Botschaften

75

Wenn Sie mit Ihren Gefühlen hinterm Berg halten, dann zerstören Sie damit Ihre Beziehung. Es ist keine Lösung, den Partner zu manipulieren, bis er die gewünschten Reaktionen zeigt, statt selbst über die eigenen Gefühle – und sei es Wut – zu sprechen.

Mögliche Ursache:
Vielleicht war es in Ihrer Familie nicht gestattet, starke Gefühle wie Wut zu äußern, und Sie konnten nicht lernen, wie man sie angemessen zum Ausdruck bringt.

Gegenmaßnahme:
Identifizieren Sie Ihre starken Gefühle und lernen Sie, sie an Ort und Stelle zu verbalisieren. Sprechen Sie mit Ihrem Partner über Ihre Emotionen. Finden Sie sichere Wege, sich innerhalb der Beziehung zu Ihren Gefühlen zu bekennen, damit Sie die Erfahrung machen, dass nichts Schlimmes passiert, wenn man sie zum Ausdruck bringt und Sie Ihr Verhalten ändern.

Die Perfektionistin

»Für mich ist keiner gut genug.«
Kelly war eine außergewöhnlich talentierte Sportlerin und eine Studentin mit Bestnoten. Sie hatte einen herausragenden Job und verfügte über einen beeindruckenden Freundeskreis. Gleichgültig, mit welchem Mann sie sich verabredete, sie empfand ihn als unter ihrem Niveau. Schon das kleinste Fehlverhalten war ihr ein rotes Tuch. So entgingen ihr viele gute Gelegenheiten, interessante Menschen kennenzulernen.

Perfektionisten warten oft auf »etwas Besseres«, und so übersehen sie das Gute, das sich unmittelbar vor ihrer Nase befindet. Es ist nichts dagegen zu sagen, wenn man der persönlichen Fortentwicklung hohe Bedeutung beimisst. Doch wenn sich Perfektionismus wie ein Hindernis zwischen Sie und die Liebe schiebt, dann übersehen Sie vielleicht eine Vielzahl interessanter Menschen, nur um sich an einer Phantasievorstellung festzuklammern.

Mögliche Ursache:
Könnte es sein, dass Ihre Eltern Sie ebenso behandelt und Sie ständig wegen Ihrer Schwächen gescholten haben, ohne dabei im gleichen Maß Ihre Stärken zu loben? Haben Sie ihre Sichtweise übernommen und beurteilen Sie sich und andere auf die gleiche Weise?

Gegenmaßnahme:
Konzentrieren Sie sich auf das Positive. Machen Sie sich klar, dass jeder Stärken und Schwächen hat. Wenn Sie normalerweise Ihren Blick erst auf die Probleme eines Menschen richten, dann suchen Sie jetzt zunächst nach seinen guten Eigenschaften. Überprüfen Sie, ob Ihre Erwartungen an sich und andere vernünftig sind. Geben Sie Ihrem Date eine echte Chance.

Die Gefallsüchtige

»Die anderen sind mir grundsätzlich wichtiger.«
Hope versuchte immer, die perfekte Partnerin für ihre Dates abzugeben. Sie beharrte nie auf der Erfüllung ihrer eigenen

Bedürfnisse. Folglich konnten ihre Männer auch nicht herausfinden, wer sie tatsächlich war.

Ziel zu gefallen

Es ist richtig, den Partner mit seinen Wünschen ernst zu nehmen, aber Sie selbst dürfen nicht zu kurz kommen. Sie sollten wissen, wer Sie sind und was Ihnen in einer Beziehung wichtig ist. Wenn Sie sich nur damit beschäftigen, Ihrem Partner zu gefallen, dann müssen Sie vielleicht eines Tages feststellen, dass Ihr Partner Sie nicht richtig kennt oder aber dass Sie ihn oder den Menschen nicht mögen, zu dem Sie geworden sind.

Mögliche Ursache:
Versuchen Sie, herauszufinden, wie Sie in Ihrer Ursprungsfamilie zu einem gefallsüchtigen Menschen geworden sind. Wurde von Ihnen erwartet, es immer zuerst den anderen recht zu machen, und kamen Ihre eigenen Bedürfnisse grundsätzlich erst an zweiter oder gar letzter Stelle? Offenbar haben Sie aufgehört, sich für Ihre eigenen Wünsche zu interessieren, weil sich auch sonst niemand um Sie kümmerte.

Gegenmaßnahme:
Stellen Sie fest, ob Ihr Drang, es anderen recht zu machen, ein Muss oder eine freiwillige Leistung ist. Welchen Preis haben Sie für Ihr Verhalten bezahlt, oder welchen Vorteil hat es Ihnen eingebracht? Achten Sie in Ihrer Beziehung mehr auf Ihre eigenen Bedürfnisse. Finden Sie heraus, wie Sie sie mitteilen können.

Die Helferin

»Ich finde immer jemanden, der gerettet werden muss.«
Sonja fand es großartig, mit Männern auszugehen, die sie aus dem einen oder anderen Grund brauchten. Sie erkannte das Potenzial dieser Dates, wollte es zutage fördern und dafür sorgen, dass sie sich nicht selbst im Wege standen. Sie investierte viel Zeit, um sie in ihrem persönlichen Wachstum voranzubringen, und vernachlässigte darüber ihr eigenes. Letztlich entschieden sich die Männer oft gegen sie, weil sie das Gefühl hatten, für sie so, wie sie waren, nicht gut genug zu sein.

Es tut Ihnen gut, Menschen zu helfen, und als Retterin fühlen Sie sich einfach großartig. Das Problem besteht jedoch darin, dass die meisten Menschen sich nur dann ändern, wenn sie selbst es wollen – es muss freiwillig geschehen! Stellen Sie sich die Frage, warum Sie nicht einen Partner wählen, dessen Leben bereits so ist, wie er (und wie Sie) es sich vorstellen.

Mögliche Ursache:
Es könnte sein, dass Sie in der Familie die Rolle der Retterin zu spielen hatten, zu der jeder mit seinen Problemen kommen durfte. Zwar wurde Ihnen mit dieser Rolle eine Verantwortung auferlegt, die Sie möglicherweise gar nicht tragen wollten, aber zugleich weckte sie in Ihnen das Gefühl, wichtig und am richtigen Platz zu sein.

Gegenmaßnahme:
Machen Sie es sich bewusst, wenn Sie in Versuchung geraten,

jemanden zu ändern. Schreiben Sie auf, was es Ihnen bringt und wie es Ihnen schadet, diese Dynamik in eine partnerschaftliche Beziehung hineinzutragen. Wer wären Sie, wenn Ihr Partner er selbst sein dürfte? Gestehen Sie ihm den Raum zu, den er braucht, um er selbst zu sein, und konzentrieren Sie sich mehr auf Ihre eigene Entwicklung.

Die Romantikerin

»Ich bin verliebt in die Liebe, nicht in dich.«
Annie war eine absolute Romantikerin. Nach der ersten Verabredung mit einem Mann stellte sie sich schon vor, wie es wäre, mit ihm und ihren gemeinsamen Kindern nach Paris zu reisen. Diese Phantasien führten sie weit voraus in die Zukunft und zogen ihre Aufmerksamkeit von der Gegenwart ab. So konnte sie die tatsächliche Qualität ihrer Beziehung und ihres Partners nicht wahrnehmen.

Romantik ist etwas Schönes, doch es ist auch wichtig, ein Date mit der Zeit richtig kennenzulernen. Wenn Sie auf die großen Gesten verzichten und Ihren Partner wirklich wahrnehmen, dann werden Sie feststellen, dass echte, im Jetzt geerdete Liebe sogar noch persönlicher, tiefer und realer sein kann.

Mögliche Ursache:
Vielleicht wurden in Ihrer Familie Leidenschaft und Dramatik besonders hoch bewertet. Möglicherweise liegt Ihnen die Vorstellung von Liebe und Schönheit mehr als handfeste Rech-

nungen und Problemlösungen. Vermutlich hat diese idealistische Herangehensweise viele Vorteile, solange man auf Partnersuche ist. Doch die Kosten könnten hoch sein, falls sie Ihnen den Blick auf die tatsächliche Situation Ihres (potenziellen) Partners und Ihre Beziehung verstellen.

Gegenmaßnahme:
Wenn Sie schon nicht auf großartige Gesten verzichten können, dann richten Sie sie auf Ihren Partner und nicht auf die Liebe im Allgemeinen. Schenken Sie Ihre Liebe dem Partner an Ihrer Seite, nicht der Phantasie in Ihrem Kopf. Lassen Sie es zu, dass Sie mit ganzer Kraft und wirklichkeitsbezogen lieben, und Sie werden schon bald gesündere Entscheidungen treffen und bessere Erfahrungen machen.

Die Zweiflerin

»Das funktioniert sowieso nie, wozu soll ich es also ausprobieren?«
Irene hatte die Partnersuche schon vor langer Zeit aufgegeben. Für sie waren Männer »Schweine«, »egoistische Betrüger« und »sexbesessene Verrückte«. Wenn sie sich doch einmal mit einem Mann traf, dann lauerte sie quasi schon darauf, enttäuscht zu werden. Sie meinte, es sei lediglich eine Frage der Zeit, bis ihr Galan sie verletzen würde.

Die meisten Menschen haben sich bei der Partnersuche schon einmal die Finger verbrannt, doch geben sie die Hoffnung deshalb nicht gleich auf. Warum haben Sie für sich entschieden, dass es keine Beziehung für Sie geben kann, die Ihnen guttut?

Sie müssen sich an die positiven Aspekte einer partnerschaftlichen Beziehung erinnern, die Sie gegenwärtig offenbar nicht wahrnehmen können. Wenn Sie per se vom Scheitern ausgehen, dann machen Sie Scheitern zur Gewissheit.

Mögliche Ursache:
Haben Ihre Eltern in jeder neuen Situation vielleicht immer das Schlimmste angenommen? Vermutlich haben Sie gelernt, dass Sie sich am besten vor Enttäuschungen schützen, wenn auch Sie vom Schlimmsten ausgehen. Das ist eine äußerst negative Lebensphilosophie. Ihre zwanghafte Angst vor Zurückweisung raubt Ihnen die Möglichkeit, in der Gegenwart Freude zu erfahren.

Gegenmaßnahme:
Schreiben Sie auf, was es Ihnen nützt und wie es Ihnen schadet, von Anfang an immer das Schlimmste in jeder Situation anzunehmen. Gestatten Sie sich selbst Hoffnung und Freude. Machen Sie sich die guten Eigenschaften Ihrer Dates bewusst. Schreiben Sie jeden Tag drei positive Ereignisse oder Erfolge auf und gestatten Sie es sich nicht, in negatives Denken zu verfallen. Betrachten Sie jede Herausforderung als mögliche Veränderung zum Besseren.

Die Partnerschaftssüchtige

»Ich halte es nicht aus, allein zu sein.«
Bei Antonia reihte sich eine Beziehung ohne Unterbrechung an die nächste – und das seit ihrem zwölften Lebensjahr. Ihre Freunde fragten sich manchmal, ob sie sich selbst überhaupt

gut genug kannte, um zu wissen, was sie in einer Partnerschaft suchte. Offenbar fühlte sie sich ohne einen Mann an ihrer Seite verloren, und sie schien sich ausschließlich über ihren Partner zu definieren.

Wir lernen viel aus lang anhaltenden Beziehungen, aber auch das Alleinsein und die Partnersuche bringen uns weiter. Sollten Sie zu den Menschen gehören, die übergangslos von einer dauerhaften Beziehung in die nächste wechseln, dann versuchen Sie, sich vorzustellen, wie Ihr Leben ohne Partner wohl aussehen könnte. Was würden Sie in dieser Situation über sich und Ihre Bedürfnisse herausfinden?

Mögliche Ursache:
Vielleicht hatten Sie eine sehr enge Bindung an einen Elternteil und haben gelernt, alle Aspekte Ihres Lebens mit einem einzigen anderen Menschen zu teilen. Sie fühlen sich in einer dauerhaften Beziehung gut aufgehoben und irgendwie verunsichert, wenn Sie allein sind. Sie wissen nicht, ob Sie auf sich gestellt dazu fähig sind, Ihr Leben befriedigend und lebenswert zu gestalten.

Gegenmaßnahme:
Stellen Sie fest, ob Ihnen mehr an Ihrer Beziehung oder an Ihrem jeweiligen Partner liegt. Dann nehmen Sie sich die Zeit, um Zugang zu sich selbst zu finden, indem Sie etwas ohne Ihr Alter Ego unternehmen – buchen Sie für sich einen Volks-

hochschulkurs oder verreisen Sie einmal auf eigene Faust. Arbeiten Sie daran, sich selbst mehr zu vertrauen und zu mögen, damit Sie fähig werden, eine auf Liebe beruhende Partnerschaft einzugehen, statt sich nötigenfalls auf jemand x-Beliebigen einzulassen, nur weil Sie Ihre eigene Verunsicherung und Verzweiflung nicht ertragen.

Die Spielerin

»Ich kann mich nicht auf einen Einzigen festlegen!«
Christine mochte die Aufregung, die es mit sich brachte, wenn mehrere Männer zugleich versuchten, sie zu erobern. Sie erwachte zu vollem Leben, wenn sie umworben wurde. Angst machte ihr die Vorstellung, dass sie sich  an einen Mann binden würde und er sie bei der erstbesten Gelegenheit verletzen könnte. Ihr defensiver Stil der Partnersuche schien zwar (auf den ersten Blick) viel Spaß zu machen, doch hinderte er sie daran, eine echte und dauerhafte Beziehung einzugehen.
Und wenn Sie alle Männer der Welt durchprobieren, Sie würden sich doch nicht an einen von ihnen binden. Fragen Sie sich, woher Ihre Angst vor einer dauerhaften Partnerschaft stammt. Warum brauchen Sie ständig Bestätigung, um sich als wertvoller Mensch zu empfinden?

Mögliche Ursache:
Möglicherweise erlaubten sich Ihre Eltern Seitensprünge, oder aber sie hatten allgemein Schwierigkeiten, sich auf eine Sache festzulegen. Eine derart instabile Umgebung entließ Sie aus

Ihrer Kindheit mit einem hohen Grad emotionaler Verletzbarkeit. Als Erwachsene empfinden Sie nun die Vorstellung einer partnerschaftlichen Beziehung als beängstigend.

Gegenmaßnahme:
Stellen Sie eine »Kosten-Nutzen-Rechnung« Ihrer Strategie der Beziehungsvermeidung auf. Zahlt sich diese Art der Partnersuche wirklich für Sie aus? Bedenken Sie das Fehlen von Nähe in Ihren gegenwärtigen Beziehungen und versuchen Sie zur Abwechslung einmal, ein halbes Jahr lang mit ein und demselben Partner auszugehen. Führen Sie Buch über die Ängste, die in Ihnen aufsteigen; laufen Sie nicht vor ihnen davon. Finden Sie heraus, was Sie über sich und den anderen Menschen in einer solchen auf Nähe basierenden Partnerschaft lernen können.

Sobald Sie sich über die Strategien Ihrer Partnersuche im Klaren sind, können Sie versuchen, neue Herangehensweisen auszuprobieren. Wenn Sie die Kontrollsüchtige sind, dann lehnen Sie sich zur Abwechslung einmal zurück und lassen Sie Ihren Partner die Führung übernehmen. Sollten Sie sich in der Zweiflerin wiedergefunden haben, dann üben Sie sich darin, an jedem neuen Tag zwei Wendungen hin zum Positiven zu entdecken. Ihnen stehen zwei Möglichkeiten offen: Entweder finden Sie sich damit ab, Ihr Leben in ständiger Angst zu verbringen und in Ihrem defensiven Stil der Partnersuche steckenzubleiben, oder aber Sie üben sich darin, sich selbst mehr zu mögen und Ihre Liebesfähigkeit zu entwickeln.
Ihr Tagebuch ist Ihnen bei diesem Prozess ein wertvoller Freund. Nutzen Sie es, um darin aufzuzeichnen, wie Sie über Ihre defensiven Strategien der Partnersuche hinauswachsen und wie es Ihnen damit geht.

Sie können meine Typologie auch dazu heranziehen, um den defensiven Stil Ihres Partners zu ergründen. Wenn er sich ängstlich zeigt, dann hat er für sich vielleicht ebenfalls Selbstschutzmethoden ersonnen. Sobald Sie seine Herangehensweise durchschauen, werden Sie sein Verhalten nicht mehr persönlich nehmen. Vergessen Sie nicht, dass er selbst dafür verantwortlich ist, seine Ängste zu bearbeiten. Doch Ihre Erkenntnisse können auf Ihrem Weg zu einer gesünderen Beziehung und hin zu mehr Nähe durchaus das gegenseitige Verständnis vergrößern.

Im nächsten Kapitel wollen wir uns mit Zurückweisungen befassen und wie es sich anfühlt, sie einzustecken und sie auszuteilen.

5.

Ihre Einstellung zum »Nein« –
Der Umgang mit Zurückweisung

Sich einem anderen Menschen anvertrauen zu müssen kann furchterregend sein. Alle Menschen haben Angst vor einer Zurückweisung, und alle Menschen möchten geliebt und akzeptiert werden. Doch muss man im Leben unvermeidlich ab und zu ein »Nein« einstecken. Der Wert, den Sie einer solchen Abfuhr beimessen, wird sich entscheidend auf den Erfolg Ihrer Partnersuche auswirken. In diesem Kapitel wollen wir uns damit auseinandersetzen, was in Ihnen abläuft, wenn Sie abgelehnt werden.

Shellys Geschichte ist ein wunderbares Beispiel dafür, wie man

mit einer Zurückweisung umgeht. Shelly ging mit einem Mann aus, der ihr außerordentlich gut gefiel, doch er meldete sich nach ihrem ersten Treffen nicht mehr bei ihr. Daraufhin spann sie sich im Kopf zunächst eine Geschichte darüber zusammen, dass Männer sie nicht mögen und dass keiner je wieder Lust haben würde, sich mit ihr zu verabreden. Als sie jedoch tiefer über die Situation nachdachte, kam sie zu dem Schluss, dass der Mann sie bei ihrem einstündigen Treffen wohl kaum umfassend kennengelernt haben konnte und dass er sich wohl aus Gründen, die mehr mit ihm als mit ihr zu tun hatten, gegen weitere Verabredungen mit ihr entschieden hatte. So wurde die Zurückweisung für Shelly akzeptabel, und sie konnte zu ihrem Vorsatz zurückkehren, in der Partnersuche sie selbst zu sein. Der richtige Mann würde sie so akzeptieren, wie sie war, und bei ihr bleiben.

Im Leben wimmelt es vor Zurückweisungen. Ein Freund schlägt eine Einladung aus, der Vorgesetzte verweigert uns die gewünschte Gehaltserhöhung, die Frau an der Tür lehnt unseren Spendenaufruf ab. Das bedeutet nicht, dass uns diese Menschen nicht mögen. Es gibt endlos viele Gründe dafür, warum jemand nein sagt, und sie haben viel häufiger mit diesen Menschen zu tun als mit uns. Wenn es Ihnen gelingt, sich diese Erklärung für Zurückweisungen zu eigen zu machen, dann können Sie sich hinfort auf die Partnersuche begeben, ohne jede Ablehnung persönlich zu nehmen. Das erspart Ihnen natürlich nicht die Enttäuschung darüber, dass Sie einen interessanten Menschen nun doch nicht näher kennenlernen werden, aber wenigstens macht sein »Nein« damit keine Aussage über Sie!

Ob Sie es glauben oder nicht, es ist möglich, eine Zurückweisung in eine wertvolle Erfahrung zu verwandeln! Erinnern Sie sich an Ihr letztes ergebnisloses Date. Wissen Sie noch, wie es sich anfühlte, als er nicht anrief, um ein neues Treffen mit Ihnen zu verabreden? Wie haben Sie das ausbleibende Interesse interpretiert? Haben Sie sich mit Ihren Freundinnen darüber beklagt, dass nichts klappt und dass Männer Sie einfach nicht mögen?

Mit dieser Klage sind Sie nicht allein. So ergeht es jedem, bei dem eine erste Verabredung nicht zu einer zweiten führt. Oder haben Sie beispielsweise schon einmal eine Frau allen Ernstes sagen hören: »Ach, er hat nicht wieder angerufen; Pech für ihn – der Nächste bitte«? Nur zu gern verwandeln wir das Wörtchen »nein« in einen Richterspruch über uns selbst. Wenn Sie sich nicht sicher sind, ob es Ihnen genauso ergeht, dann fragen Sie Ihre Freundinnen. Die werden Ihnen bestimmt Auskunft geben.

Wenn Sie daran etwas ändern und sich selbst Leid ersparen möchten, dann dürfen Sie sich über Ihre Reaktion auf Zurückweisung keine Illusionen machen. Was löst ein »Nein« bei Ihnen aus? Welche Bedeutung geben Sie dieser Zurückweisung? Ergänzen Sie die nachfolgenden Sätze in Ihrem Tagebuch:

● Meine erste Reaktion auf Zurückweisung ist: ...
● Wenn ich bei der Partnersuche auf Ablehnung stoße, dann denke ich: ... (zum Beispiel »Keiner findet mich

attraktiv!«, »Ich werde nie einen Partner finden!« oder »Der hat sowieso nichts getaugt«).

● Die Wahrheit könnte lauten: ... (zum Beispiel »Er hat Angst vor Nähe«, »Wir passen nicht gut zusammen« oder »Er hat eine andere Frau kennengelernt, die besser zu ihm passt«).

● Wenn ich meine Angst vor dem Wort »nein« ablegen könnte, dann wäre ich frei, um: ...

Nun, da Sie Ihre Reaktion auf Zurückweisung aufrichtig unter die Lupe genommen haben, steht es Ihnen frei, anders zu reagieren. Was werden Sie stattdessen sagen? Hier ein paar Möglichkeiten:

~ *Der richtige Mann wird mich nicht versetzen, also war dieser Typ offensichtlich nicht der richtige.*
~ *Sein Pech. Ich bin großartig.*
~ *Manchmal muss man im Leben eine Menge »Neins« einstecken, bis man zu einem »Ja« gelangt.*

Nehmen Sie sich genug Zeit, um sich eine neue, treffende und gesunde Bewertung von Ablehnungen einfallen zu lassen. Halten Sie sie in Ihrem Tagebuch fest und nehmen Sie sich vor, immer dann, wenn eine Beziehungsanbahnung scheitert, auf sie zurückzugreifen. Ein solcher zurechtgelegter Satz kann Ihnen helfen, Ihr Ziel im Auge zu behalten, ohne dass Sie sich Geschichten ausdenken oder Sie sich selbst sabotieren müssen.

Was Sie veranlasst,
andere mit einem »Nein« abzuspeisen

Ebenso wichtig ist es, dass Sie wissen, warum Sie selbst einen möglichen Kandidaten abblitzen lassen. Viele Beziehungssuchende finden schon beim ersten Ausgehen etwas an ihrem Date auszusetzen und geben ihm keine zweite Chance. So verbrauchen Sie einen Interessenten nach dem anderen, ohne sich die Zeit zu nehmen, einen von ihnen wirklich kennenzulernen. Außerdem teilen sie ihm nie mit, was sie abstößt, und es kommt zu keinem Gespräch in dieser Angelegenheit.

Cheryl zum Beispiel fand, dass ihr Gegenüber zu viel über sich selbst redete, und deshalb strich sie ihn von ihrer Liste. Hätte sie ihm jedoch ihre Bedenken mitgeteilt, dann wäre er vielleicht bereit gewesen, an sich zu arbeiten. Die meisten Menschen sprechen bei der ersten Begegnung viel, weil sie nervös sind und Angst vor der Stille haben. Cheryls instinktive Reaktion war es, einen solchen Mann sofort aufzugeben, ohne ihm die Gelegenheit zu einer Erklärung oder zu einer Veränderung einzuräumen.

Eine andere meiner Klientinnen ging mit einem Mann aus, von dem sie wusste, dass er ein großartiger Freund war, den sie jedoch nicht besonders attraktiv fand. Wir sprachen darüber, und sie entschloss sich, ihn bei einigen weiteren Treffen besser kennenzulernen. Schließlich konnten beide ja außerdem auch noch mit anderen ausgehen. Nach der ersten Verabredung sagte sie: »Er ist einfach wundervoll. Ich wünschte nur, er sähe besser aus.« Ihr zweites Treffen kommentierte sie mit dem Satz: »Er küsst wundervoll, aber sein Gesicht ...« Beim dritten Mal jubelte sie: »Ich finde ihn so umwerfend sexy. Ich weiß gar nicht, warum ich ihn je unattraktiv fand.« Inzwischen sind sie verlobt und wollen heiraten.

Natürlich nimmt nicht jede Geschichte eine so romantische Wendung. Manche stellen tatsächlich fest, dass sich eine körperliche Anziehung nicht entwickelt. Aber das herauszufinden ist es doch auch wert. Ich habe mehrmals erlebt, dass die äußere Attraktivität erst nach ein paar Begegnungen empfunden wird. Deshalb rate ich immer, wenigstens drei Treffen zu investieren, wenn Sie Ihren Kandidaten ansonsten nett finden. Das heißt nicht, dass Sie sich mit einem unattraktiven Partner abfinden sollen. Ich mache Sie lediglich auf die Möglichkeit aufmerksam, dass Sie, wenn Sie schon nach dem ersten Treffen die Flinte ins Korn werfen, möglicherweise einen ansonsten geeigneten Partner ausmustern. Stellen Sie fest, zu welchem Zeitpunkt und warum Sie jemanden abblitzen lassen, denn so verwandeln Sie eine instinktive Reaktion in eine bewusste Entscheidung im richtigen Augenblick. Falls Sie herausfinden, dass Sie mit Ihrem »Nein« zu rasch zur Stelle sind, dann versuchen Sie, Ihrem potenziellen Partner ein wenig mehr Zeit zu geben, bevor Sie entscheiden, ob er richtig oder verkehrt ist für Sie.

Helena hatte eine genaue Vorstellung davon, wie ihr Traummann aussehen sollte. Sie selbst war hochgewachsen, und ihr Mann sollte wenigstens zwei, drei Zentimeter größer sein als sie. Ich wollte von ihr wissen, was sie täte, wenn sie einen Mann kennenlernte, der all ihre übrigen Anforderungen erfüllte, aber ein wenig kleiner wäre als sie. Würde sie ihn »ausmustern«? Ihre spontane Reaktion war: »Ja.« In der Grundschule hatten die anderen Kinder sie stets gehänselt, weil sie so groß war, und da hatte das kleine Mädchen in ihr den Entschluss gefasst, sich »einzufügen«, indem sie nur mit größeren

Männern ausging. Somit bestimmte die Zwölfjährige in ihr, wer in Frage kam. Wegen dieser alten Verletzung hatte Helena bereits mehrere wunderbare Partner abgewiesen. Sobald sie diese Dynamik durchschaut hatte, konnte die erwachsene Frau in ihr die Prioritäten neu setzen und ein Wunschbild auf der Basis ihrer heutigen Bedürfnisse erzeugen.

Die folgende Übung wird Ihnen helfen herauszufinden, ob Sie selbst Ihre Zielsetzung untergraben, indem Sie zu rasch oder aus falschen Gründen auf Gegenkurs gehen. Es ist angemessen und gesund, eine sich anbahnende Beziehung zu beenden, wenn Sie merken, dass sie nicht das Richtige für Sie ist. Bei meiner Arbeit als Coach habe ich jedoch beobachtet, dass achtzig Prozent derjenigen, die nach der ersten Begegnung einen Rückzieher machen, dies nicht aus gesunden Gründen tun.

ÜBUNG: DAS SUPER-BEZIEHUNGSMUFFEL-QUIZ

Um herauszufinden, ob Sie ein Super-Beziehungsmuffel sind, beantworten Sie die nachfolgenden Fragen in Ihrem Tagebuch:

- Klassifizieren Sie einen Kandidaten schon nach der ersten Begegnung als langweilig und geben ihm keine zweite Chance?
- Stellen Sie beim Kennenlernen fest, dass es da etwas gibt, was Ihnen an ihm nicht gefällt, sagen es aber nicht?
- Finden Sie an jedem, mit dem Sie ausgehen, etwas auszusetzen?

- Schlagen Sie eine zweite Einladung aus, weil Sie sich nicht vorstellen können, diesen Partner zu heiraten?
- Speisen Sie Ihre Dates sehr viel häufiger mit einem »Nein« ab, als ihnen ein »Ja« zu schenken?

Falls Sie auch nur eine der vorangegangenen Fragen mit einem »Ja« beantwortet haben, dann lesen Sie bitte weiter.

Niemand verlangt von Ihnen, jemanden zu heiraten, den Sie nicht toll finden, doch sollten Sie sich Klarheit darüber verschaffen, warum Sie das Leben mit all seinen Möglichkeiten immer wieder zurückweisen. Manchmal dient das Wörtchen »nein« dem Schutz vor Verletzungen. Es hält Sie in einer kleinen Kiste, die Sie nicht verlassen und in der Sie kein Risiko eingehen müssen. Doch Erfolg in der Partnersuche – wie bei allem anderen im Leben auch – macht es erforderlich, sich zu öffnen, eine gute Einstellung zu entwickeln und Geduld aufzubringen. Indem Sie ja dazu sagen, einen anderen Menschen kennenzulernen, stimmen Sie außerdem zu, über sich selbst im Rahmen dieser neuen Begegnung etwas herauszufinden. Sie lassen sich auf eine neue Erfahrung mit einer grenzenlosen Zahl an Möglichkeiten ein.

Ihre Bereitschaft, diesem potenziellen Partner eine Chance zu geben, bedeutet keineswegs, dass Sie nicht zugleich auch mit anderen ausgehen dürfen. Und sie bedeutet auch nicht, dass Sie jemandem etwas vormachen oder unerträgliche Verabredungen wiederholen sollen. Mir geht es um jene durch und durch angenehmen Menschen, die nur deshalb »ausgesondert« werden, weil sie Ihnen nicht gleich bei der ersten Begegnung einen Schwarm Schmetterlinge in den Bauch getrieben haben. Zu einer chemischen Reaktion kommt es manchmal erst mit Verzögerung. Es gibt viele Paare, bei denen einer der beiden sich nicht gleich beim ersten Date Hals über Kopf verliebt hat. Doch mit der Zeit entwickelten sich Zuneigung und Liebe und reiften schließlich zu etwas Erhaltenswertem heran. Und Sie können mir glauben, dass diese Paare heute glücklich darüber sind, dass sie damals die Flinte nicht vorschnell ins Korn geworfen haben.

Partnersuche ist – wie das Leben auch – kein Spielfilm. Wenn Sie möchten, dass jemand Ihnen eine Chance gibt, dann müssen Sie mit gutem Beispiel vorangehen. Wie anders wäre Ihr Leben, wenn Sie häufiger einmal ein »Ja« riskierten? Was wäre, wenn es keine »Fehler« gäbe und alles Gelernte würde Ihre Liebesfähigkeit vergrößern? Versuchen Sie einmal, Ihr Leben einen Monat lang mit dieser Einstellung zu führen, und finden Sie heraus, welche Möglichkeiten sich vor Ihnen eröffnen. Stellen Sie sich vor, dass alles, was Sie tun und denken, Sie in Ihrem Bestreben unterstützt, den Partner fürs Leben zu finden. Wie sehen Sie sich? Sitzen Sie zu Hause auf dem Sofa, oder suchen Sie »draußen« aktiv nach neuen Begegnungen?

Vermutlich haben Sie sich für die zweite Option entschieden, und das, obwohl Sie eigentlich davon überzeugt sind, dass man Liebe nicht aktiv suchen kann. Ich habe die Erfahrung gemacht, dass die meisten Menschen glauben, wenn sie nur ausdauernd genug warteten, dann werde der Richtige sie schon finden.

Der nächste Abschnitt wird Ihnen helfen herauszufinden, ob Ihr Idealbild von der Liebe Ihrem Erfolg bei der Beziehungsanbahnung bisher im Wege steht. Untersuchen Sie ehrlich, was Sie zu sich selbst über die Liebe sagen, und stellen Sie fest, ob Ihre Überzeugungen konstruktiv sind. Wenn Sie bisher nicht die gewünschten Ergebnisse vorzuweisen haben, dann ist es vielleicht an der Zeit, Ihr Denkmuster zu reformieren.

Fatalistische Beziehungsmythen

Wie oft schon habe ich Frauen klagen hören, dass sie jetzt die dreißig überschritten und noch immer keinen Partner haben. Wenn ich sie dann frage, was sie denn getan hätten, um ihr Ziel zu erreichen, dann werde ich mit leerem Blick angestarrt. Gelegentlich sagen sie auch: »Sollte es denn nicht einfach funken, ohne dass ich etwas tue? Meine Freundin hat ihren Mann in der U-Bahn kennengelernt.« Ich entgegne dann, dass es sich bei manchen Menschen zwar so zuträgt, doch keineswegs bei der Mehrheit. Märchen und Filme machen uns glauben, dass Liebe uns unerwartet überfällt, doch Mythen wie diese helfen uns nicht weiter. Tatsächlich müssen wir uns das, was wir uns für unser Leben erträumen, erarbeiten – ganz gleich, was es ist.

Hannas Geschichte ist ein gutes Beispiel. Schon vor langer Zeit hatte sie für sich entschieden, dass der Mann ihrer Träume in dem Augenblick an der Tür läuten würde, in dem sie am wenigsten damit rechnete. Das Problem war, dass sie schon sehr lange auf diesen Augenblick wartete. Ihre Freundinnen waren bereits alle verheiratet oder in festen Händen, aber ihr Prinz trat einfach nicht auf den Plan. Sie ließ sich nicht von der Meinung abbringen, dass die Partnersuche im Internet nur etwas für Versager und die aktive Suche nach Liebe einfach erbärmlich war. Sie wünschte sich nichts sehnlicher, als endlich jemanden kennenzulernen, aber sie war nicht bereit, auch nur einen Schritt dafür zu tun.

Alle anderen Ziele in ihrem Leben verfolgte Hanna mit aktiver Strebsamkeit; sie musste nichts weiter tun, als diesen Ansatz auf ihre Partnersuche zu übertragen. Zögernd ließ sie sich darauf ein, einige bewährte Single-Methoden auszuprobieren – darunter die Partnersuche im Internet und Speed-Dating-Dienste –, um ihre Aussichten zu verbessern. Bald schon war ihr Tag »durchgedatet«, und sie hatte Spaß dabei! Sie warf ihre überkommenen Ansichten über Bord, konnte sich durch ihren aktiven Einsatz neue Möglichkeiten erschließen und der Erfüllung ihres Traums näherkommen. Sie wurde zum Autor ihrer eigenen Liebesgeschichte, statt sich auch weiterhin mit der Rolle des passiven Lesers zufriedenzugeben.

Nutzen Sie das folgende »Quiz«, um herauszufinden, ob Sie es fatalistischen Beziehungsmythen gestatten, sich Ihrer Begegnung mit Ihrem Traummann in den Weg zu stellen.

ÜBUNG:
SIND SIE EIN BEZIEHUNGSFATALIST?

Lesen Sie die folgenden Aussagen und entscheiden Sie, ob sie für Sie richtig oder falsch sind. Notieren Sie Ihre Antworten in Ihrem Tagebuch.

1. Die Suche nach Liebe darf keinen Aufwand erfordern.
2. Es ist lächerlich, dafür zu bezahlen, wenn man einen Partner sucht.
3. Liebe ist »Schicksal«, daher ist es sinnlos, an sich selbst oder an der Beziehung zu arbeiten.
4. Es ist nicht möglich, die richtige Gelegenheit zu schaffen, damit man seinen Traumpartner findet.
5. Das Finden einer Liebe sollte nicht mit Zurückweisungen einhergehen, sondern natürlich und ganz von selbst geschehen.

Falls Sie auf irgendeine dieser Aussagen mit Zustimmung reagiert haben, dann sollten Sie Ihre Einstellung zur Wirklichkeit überprüfen.

DIE WAHRHEIT ÜBER DIE PARTNERSUCHE

1. *Liebe verlangt Einsatz:* Einen Lebensgefährten zu finden setzt die aktive Suche voraus. Ja, auch sich selbst findet man nur dann, wenn man sich darum bemüht. Wer sich über diese Tatsache täuscht, wird passiv und macht sich zum Opfer der Umstände. Liebe heißt, einen anderen Menschen wirklich gut kennenzulernen und durch das eigene Handeln zu zeigen, dass er einem wichtig ist. »Lieben« ist ein Verb, es geht also um eine »Tätigkeit«. Das Gleiche gilt auch für die Partnersuche!
2. *Bezahlen heißt würdigen:* Sie bezahlen für die Kleidung, Kosmetik, Unterhaltung, Entspannung und das gute Essen, mit denen Sie sich verwöhnen. Bedeuten Ihnen diese Dinge mehr als das Finden eines Lebensgefährten? Moderne Partnervermittlungen, Dating-Dienste und Beziehungs-Coachs sind effizient und stehen Ihnen beispielsweise über das Internet in großer Zahl zur Verfügung. Die Vorstellung, dass eine Partnerschaft »nicht mit Geld erkauft« werden darf, hindert die Suchenden lediglich daran, alle probaten und vorhandenen Dienstleistungen in Anspruch zu nehmen. Was könnte wichtiger sein, als den richtigen Partner zu finden? Investieren Sie Ihr Geld in das, was Ihnen am bedeutsamsten ist, und denken Sie darüber nach, welche Möglichkeiten Sie ausschöpfen wollen. Angefan-

gen bei Singletreffs über Volkshochschulkurse bis hin zu Theater-Abos: Die Angebote sind unerschöpflich.

3. *Liebe ist mehr als »Schicksal«:* Wer glaubt, dass die Liebe vorherbestimmt ist, verlässt weder seine Wohnung, noch rührt er einen Finger, um jemanden kennenzulernen. Schon möglich, dass die Liebe Schicksal ist, aber wenn Sie nichts tun, dann steht Ihnen vielleicht ein langes, qualvolles Warten bevor, bis Sie endlich Ihrem Traumpartner begegnen. Was wollen Sie in der Zwischenzeit mit Ihrem Leben anfangen? Aus jeder Verabredung können Sie etwas für die Beziehung mit Ihrem idealen Partner mitnehmen. Wenn Liebe Schicksal ist, dann stößt sie Ihnen zu, ob Sie wollen oder nicht. Und wenn nicht? Sind Sie bereit, Mühe zu investieren und die Verantwortung für Ihr selbstgeschaffenes Liebesleben zu übernehmen?

4. *Gelegenheiten fallen nicht vom Himmel, sie werden erarbeitet:* Im Leben erhalten Sie das, wofür Sie sich öffnen. Sie selbst machen sich zum Schöpfer Ihrer beruflichen Karriere, indem Sie eine Ausbildung wählen, Ihre Netzwerke pflegen, Bewerbungen losschicken, Vorstellungsgespräche absolvieren und sich coachen lassen. Bei der Partnersuche sollten Sie genauso vorgehen. Wenn Sie sich eine Beziehung wünschen, dann sollten Sie sich in Situationen begeben, die die Begegnung mit anderen Menschen ermöglichen. Probieren Sie einen Singletreff aus, bitten Sie Freunde und Verwandte, etwas für Sie zu arrangieren, suchen Sie das Gespräch mit Menschen, sei es auf einer Party oder im Supermarkt. Betrachten Sie Ihr Leben als eine Abfolge guter Gelegenheiten, um Menschen kennenzulernen.

5. *Rückschläge einzustecken gehört dazu:* Seien Sie bereit, Risiken einzugehen, aus Ihren Fehlern zu lernen und Ihrem Ziel trotzdem treu zu bleiben. Zurückgewiesen werden Sie nur dann, wenn Sie es so empfinden. Jeder Mensch hat das Recht darauf, nein zu sagen. Für die Geschichte, in die Sie danach diese Ablehnung einspinnen, sind allein Sie selbst verantwortlich. In der Partnerschaft wie auch in allen anderen Situationen im Leben müssen wir bereit sein, das »Nein« zu durchleiden, um zum »Ja« zu gelangen.

Nachdem wir nun die gängigen fatalistischen Beziehungsmythen untersucht haben, stellen Sie fest, wie viel Zeit und Einsatz Sie bisher tatsächlich in Ihre Partnersuche investiert haben. Haben Sie es versucht mit Kleinanzeigen, Internet-Dating, Singletreffs, Beziehungs-Coaching und Blind Dates, also Verabredungen mit unbekannten Personen? Wie oft? Wenn Sie Ihren Freunden erzählen, dass Sie zwar den perfekten Job wollen, ohne jedoch danach zu suchen – was meinen Sie, wie die Sie anschauen würden? Fälschlicherweise glauben wir, dass es am besten ist, dazusitzen und zu warten, wenn wir Liebe finden wollen.

Selbstverständlich lernen sich Menschen zufällig und vollkommen unerwartet kennen. Manchmal begegnen sie sich in einem Kurs, bei der Fortbildung oder bei einem gemeinsamen Job, ohne dass sie formal auf Partnersuche waren. Wenn das geschieht, ist es einfach wunderbar. Aber jeder Mensch hat mindestens einen Bereich in seinem Leben, in dem ihm alles zufliegt, und mindestens einen, in dem er arbeiten und wachsen muss. Betrachten Sie es als Gelegenheit, um etwas aus Ihren Begegnungen bei der Partnersuche zu lernen und um Ihr Wachstum zu fördern.

Sollten Sie bisher eher eine fatalistische Einstellung zur Partnersuche gepflegt haben, dann ist es jetzt an der Zeit zu handeln. Ihre Überzeugungen im Hinblick auf die Liebe beeinflussen direkt Ihren Erfolg bei der Partnersuche, weil Sie mit Ihren Gedanken das festlegen, was Sie im Leben erreichen. Halten Sie einen Augenblick inne und treffen Sie Ihre Wahl: Werden Sie daran arbeiten, einen Partner zu finden, Geld bezahlen, um Ihr Ziel zu erreichen, Zeit finden, um Erfahrung zu sammeln, und Gelegenheiten schaffen, damit Sie in diesem Bereich Ihres Lebens wachsen können? Wenn Ihre bisherigen Überzeugungen Ihnen bis jetzt nicht weitergeholfen haben, dann legen Sie sich neue zu und untermauern Sie sie mit Affirmationen. Hier ein paar Beispiele:

* Ich werde nur noch das denken, tun und empfinden, was mich darin unterstützt, meinen Traumpartner zu finden.
* Ich bin bereit, aktiv daran zu arbeiten, um einen tollen Lebensgefährten für mich zu finden.
* Ich werde darauf achten, dass meine Worte und meine Taten auch in Liebesdingen übereinstimmen.

Formulieren Sie in Ihrem Tagebuch eine neue, für Sie hilf-reiche Glaubensmaxime im Hinblick auf die Liebe. Rufen Sie sich diese Maxime so oft wie möglich ins Bewusst-sein. Es könnte Ihnen sogar etwas bringen, wenn Sie all Ihre alten, fatalistischen Überzeugungen auf einen Zettel schreiben und ihn verbrennen. Lassen Sie es nicht zu, dass veraltete Vorstellungen Sie daran hindern, für Ihre Ge-genwart und Zukunft das zu schaffen, was Sie wirklich wollen. Sie allein entscheiden darüber, was für Sie wün-schenswert ist und was Ihnen bei der Suche nach einem Partner am meisten hilft. Ihre Gedanken sind der Schlüs-sel zu Ihrem Glück!

Herzlichen Glückwunsch! Sie haben den ersten Teil des Buches abgeschlossen! Für die meisten Menschen stellt dieser Ab-schnitt die größte Herausforderung dar. Die wenigsten konfrontieren sich gern mit ihrer Vergangenheit und kehren sie lieber unter den Teppich. Wenn Sie es nicht eh schon wussten, sollten Sie inzwischen davon über-zeugt sein, dass es wichtig ist, frühere Beziehungen, Rollenvorbilder und Ängste aufzuarbeiten. Dann erst kön-nen Sie in diesem neuen Raum der Leichtigkeit, Offenheit und Freiheit Ihre Traumpartnerschaft erschaffen.

Jetzt beschäftigen wir uns nicht mehr länger mit Ihrer Vergan-genheit, sondern mit Ihrer Gegenwart. Doch bevor wir losle-gen, möchte ich, dass Sie sich noch einmal das Gedicht »Da ist ein Loch in meinem Weg« aus dem ersten Kapitel ins Gedächt-nis rufen (siehe Seite 25). Vergessen Sie nicht, dass Verände-rung ein langsamer Prozess ist. Falls Sie sich irgendwann ein-mal im Verlauf Ihrer Beziehungsanbahnung dabei ertappen, wie Sie in alte Verhaltensmuster zurückfallen, dann können

Sie zur Auffrischung im Buch zurückblättern und sich an Ihre neuen Überzeugungen erinnern.

Im zweiten Teil werden Sie sich ohne Ballast und möglicherweise mit vielen neuen Erkenntnissen daranmachen, den Menschen zu erschaffen, der Sie als Partner und auch ganz allgemein in Ihrem Leben sein wollen. Von jetzt an werden Sie sich als mächtigen Schöpfer erleben, der die Verantwortung für alles übernimmt, wie es gerade in Ihr Leben eintritt.

ZWEITER TEIL:

SELBST
DER PARTNER SEIN,
DEN MAN SUCHT

6.

Sie selbst sind Ihr Partner – Anziehen, wen oder was man erschafft

Nicht selten setzen wir unsere potenziellen Partner unter Druck, weil wir unbedingt wollen, dass sie Mr. Right sein sollen. Wenn die Männer, mit denen wir ausgehen, nicht unseren Erwartungen entsprechen, dann ziehen wir vor unseren Freundinnen über sie her und fühlen uns schließlich selbst ganz elend. Unter so viel Druck kann eine echte Partnerschaft nicht zustande kommen. Das Gesetz der Anziehung besagt: Gleiches zieht Gleiches an. Die beste Strategie ist es also, selbst zu dem Partner zu werden, den man sucht. Statt sich und andere zu kritisieren oder darauf zu warten, dass ein anderer

Mensch Sie zur Vollständigkeit ergänzt, sollten Sie lieber die Verantwortung für den Menschen übernehmen, der Sie sind. Dann erst können Sie einen Partner wählen, der genau zu Ihnen passt. Indem Sie für sich das Leben erschaffen, das Sie sich vorstellen, erlangen Sie die Macht, um den Partner Ihrer Träume zu erobern.

Wie kann Ihnen das gelingen? Sehen Sie sich an. Wer sind Sie selbst als Partner? Was fangen Sie mit Ihrem Leben an, und wie stellen Sie sich eine Beziehung vor? Wenn Sie aufhören, Ihre Partner mit Kritik zu zermürben, und sich stattdessen darauf konzentrieren, Ihr Selbstvertrauen und Ihre Selbstachtung zu fördern, dann werden Sie sich selbst attraktiver finden und die Partnersuche, überhaupt Ihr ganzes Leben mehr in die eigenen Hände bekommen.

In diesem Kapitel konzentrieren Sie sich darauf, sich selbst besser kennenzulernen und andere sowie sich selbst so zu akzeptieren, wie sie sind. Vielleicht sperren Sie sich gegen diese Vorstellung, weil es viel leichter ist, etwa zu sagen: »Männer sind eh alle bekloppt« – oder sich zu beklagen: »Die Guten sind alle schon unter der Haube.« Dazu kann ich wieder nur sagen, wenn dies Ihre Einstellung ist, dann ist sie die Wirklichkeit, die Sie für sich erschaffen. Alles fängt bei Ihnen an und der Frage, ob Sie sich annehmen, wie Sie sind, und daran arbeiten wollen, das Leben zu erschaffen, das Sie führen möchten.

Ich wünsche Ihnen viel Spaß mit den Übungen – und gestatten Sie sich große Träume. Dieses Leben gehört Ihnen. Warum sollten Sie nicht das daraus machen, was Sie sich immer schon ausgemalt haben? Genießen Sie die Zeit als Single und nutzen Sie sie, um sich selbst kennenzulernen und den Partner, den Sie anziehen wollen.

Selbstvertrauen

Der Mensch, der Sie sind, zeigt sich bereits im ersten Kontakt am Telefon oder über das Internet. Sie teilen sich Ihrem Partner auf vielfache Weise mit und bringen sich bei jeder neuen Verabredung ein – sogar noch bevor Sie die Wohnung verlassen haben! Mit Ihrer Fähigkeit, sich selbst und Ihre Vorstellungen klar und deutlich auszudrücken, beeinflussen Sie direkt Ihre Partnerwahl. Und wenn Sie sich selbst annehmen und lieben, dann können Sie einen Gleichgesinnten anziehen.

Verlagern Sie Ihre Aufmerksamkeit fort von all den Veränderungen, die Sie sich abverlangen zu müssen meinen, um zu einem einzigartigen Menschen zu werden, hin zu dem einzigartigen Menschen, der Sie schon heute sind: Lieben und ehren Sie sich selbst. Entdecken Sie Ihre Unverwechselbarkeit und seien Sie bei jeder Verabredung vollständig präsent.

Die folgenden Übungen werden Ihnen helfen, Ihre eigenen Stärken und Leistungen wertzuschätzen, damit Sie sie in eine Beziehung einbringen können.

ÜBUNG:
WAS MACHT SIE ZU EINEM GLÜCKSGRIFF?

Denken Sie darüber nach, welche Eigenschaften Sie zu einem guten Partner machen. Wenn Sie negativen Gedanken über sich selbst nachhängen, dann wird sich das Ihrem Gegenüber mitteilen. Wie viel Sie zu geben haben, erkennen Sie dann, wenn Sie sich Ihren eigenen Wert bewusst machen.

Tragen Sie in Ihrem Tagebuch 25 Eigenschaften ein, die Sie zu einem Glücksgriff als Partner machen. Sie könnten zum Beispiel feststellen: »Ich bin ein guter Zuhörer«, »Ich kann erstklassig kochen«, »Ich kann herzlich lachen« oder »Ich spreche drei Sprachen fließend« ... Sehen Sie sich diese Liste jedes Mal an, bevor Sie sich mit einem Beziehungskandidaten treffen, und Sie mobilisieren Selbstvertrauen und Strahlkraft für all Ihre Verabredungen.

Ihre Leistungen:
Was macht Sie zum Star?

Denken Sie zurück an ein Ereignis, bei dem Sie auf der Bühne standen und sich alle Augen auf Sie richteten. Stellen Sie sich Ihre Mutter vor, wie sie in der dritten Reihe saß, mit Tränen in den Augen, weil sie so stolz auf Sie war. Alle klatschten. Sie spürten, dass Sie Eindruck machten, und das ganze Publikum brachte Ihnen und Ihrer Leistung Wertschätzung entgegen.

Leider sind die Empfindungen, die bei einer ersten Verabredung zutage treten, oft das genaue Gegenteil. Wir fühlen uns verurteilt, nutzlos, uninteressant oder noch schlimmer – und dabei sieht die Wirklichkeit ganz anders aus. Jeder Mensch hat Leistungen und Begabungen vorzuweisen; und es ist wichtig, dass Sie die Ihren anerkennen und stolz auf sie sind. Rufen Sie sich Ihre Qualitäten ins Gedächtnis und bestätigen Sie sich selbst, dass Sie zu einer erfolgreichen Partnerschaft fähig sind, weil Sie so viel zu bieten haben. Das wird Sie außerdem gut

darauf vorbereiten, wenn Sie im Verlauf der Beziehungsanbahnung einmal etwas Positives über sich selbst sagen müssen. Damit meine ich nicht, dass Sie angeben sollen. Es geht
einfach darum, Ihre Stärken und Leistungen anzuerkennen,
damit Sie aus dieser Anerkennung ein Gefühl der Selbstwert-
schätzung beziehen können. Außerdem wollen Sie sich ja auch
darin üben, diese Eigenschaften bei Ihrem Partner zu erkennen.

Sie gewinnen gar nichts, wenn Sie sich selbst ablehnen. Wo
geurteilt wird, da kann nicht geliebt werden. Sie können von
niemandem erwarten, Sie zu lieben, wenn nicht einmal Sie
selbst das tun. Sie werden an sich immer etwas finden, was Sie
noch verändern wollen – und Ihrem Partner wird es nicht anders gehen. Heißt das vielleicht, dass Sie nicht liebenswert
sind? Viele meiner Klientinnen beispielsweise meinen, sie
dürften sich nicht auf die Partnersuche begeben, bevor sie wenigstens ein paar Kilo abgespeckt, Ihre Panikattacken unter
Kontrolle gebracht oder irgendwelche anderen schwerwiegen-
den Mängel ausgebügelt hätten. Doch diese Art Verurteilung
der eigenen Person könnte sich leicht in eine sich selbst erfüllende Prophezeiung verwandeln.

Eine meiner Klientinnen glaubte, sie dürfe aufgrund einer psy-
chischen Störung, mit der sie jedoch hervorragend zurecht-
kommt, keine Partnerschaft anstreben, heiraten oder Kinder
bekommen. Nachdem ich sie eine Weile gecoacht hatte, lernte
sie, ihre Störung als Bestandteil ihrer selbst zu akzeptieren.
Sobald sie ihre Auffassung geändert hatte, fand sie einen
Mann, den sie binnen eines Jahres heiratete. Jetzt hat sie keine
Bedenken mehr, Mutter zu werden. Ihre psychische Störung
hat sie noch immer, verändert hatte sich lediglich ihr Bild von
sich selbst.

Selbstachtung ist ein Prozess, der damit beginnt, dass Sie sich bewusst machen, wie Sie sich selbst entwerten. Die nächste Übung wird Sie darin unterstützen.

ÜBUNG:
DIE SELBSTENTWERTUNG ABSTELLEN

Eine negative Selbsteinschätzung wirkt sich darauf aus, wie Sie in einer Beziehung »rüberkommen«. Sie können einem Partner nur das Maß an Liebe zubilligen, das Sie sich selbst entgegenbringen. Es ist eine Binsenwahrheit: Weder Sie noch Ihr Partner wird jemals vollkommen sein. Am besten läuft eine Beziehung zwischen zwei Menschen, wenn sie sich selbst und einander so akzeptieren, wie sie sind.

Schreiben Sie nun für diese Übung in Ihr Tagebuch, was Sie an sich nicht mögen und warum, zum Beispiel:

- Ich bin übergewichtig. Ich fühle mich deshalb unattraktiv.
- Ich bin schüchtern. Das macht mich unsicher.
- Ich verstehe nichts von Politik. Ich komme mir deshalb dumm vor.
- Ich kann nicht kochen. Jeder Mann wäre enttäuscht von mir.

Jetzt fragen Sie sich und halten auch das fest, warum Sie glauben, keine gute Partie zu sein.

Sehen Sie sich nun die Punkte auf Ihren beiden Listen an und entscheiden Sie, an welchen Sie arbeiten und welche

Sie akzeptieren wollen. Schreiben Sie hinter jede Eintragung entweder, was Sie tun wollen, um sie zu verändern, oder wie Sie sie annehmen und integrieren können, zum Beispiel:

- Ich bin kontrollsüch- ⟶ Ich will es zulassen,
  tig – und empfinde   mich zu öffnen.
  mich deshalb als
  gemein.   ⟶ Ich will mir selbst mehr
                                   Mitgefühl entgegen-
                                   bringen.

Nehmen Sie sich schon heute fest vor, sich selbst so zu akzeptieren, wie Sie sind, denn es wird sich auf alles auswirken, was Sie im Leben tun.

ÜBUNG:
DEN PARTNER ANNEHMEN

Wie ich bereits gesagt habe, können Sie andere nur in dem Maß annehmen, in dem Sie sich selbst akzeptieren. Mit Hilfe des vorangegangenen Kapitels haben Sie sicherlich schon herausgefunden, ob Sie ein »Super-Beziehungsmuffel« sind oder nicht.

Falls ja, dann wird die folgende Übung Ihnen besonders nützlich sein. Und wenn nicht, dann wird sie Sie daran erinnern, an jede Verabredung offen und positiv heranzugehen.

Beantworten Sie nach jedem Date die nachstehenden Fragen in Ihrem Tagebuch. Stellen Sie fest, ob Sie damit einen positiven Einfluss auf Ihre Einstellung und auf den Erfolg Ihrer Beziehungssuche nehmen:

- Welche Vorzüge hat Ihr Date?
- Welchen positiven Eindruck hat die Begegnung bei Ihnen hinterlassen?
- Was haben Sie über Ihren potenziellen Partner in Erfahrung gebracht?
- Was haben Sie über sich herausgefunden?
- Welches positive Feedback haben Sie gegeben?
- In welcher Weise haben Sie sich großzügig gezeigt? In welcher Weise hat sich Ihr Gegenüber großzügig gezeigt?
- Haben Sie Gemeinsamkeiten entdeckt? Welche?

Selbstachtung

Ich erlebe es in meiner Praxis jeden Tag: Frauen kommen zu mir und sind überzeugt, wenn sie nur den richtigen Partner fänden, dann würden sie sich selbst mehr akzeptieren und endlich bestätigt fühlen. Zwar ist es höchst befriedigend, einen Menschen an seiner Seite zu wissen, der einen liebt, doch wird dieser Umstand allein niemals die Ablehnung heilen, die Sie sich selbst tief in Ihrem Inneren entgegenbringen. Dieses Problem müssen Sie ganz allein angehen.

Alles beginnt mit dem Maß an Zuneigung, das Sie sich selbst schenken. Selbstachtung heißt, sich um sich selbst zu kümmern und sich liebevoll zu behandeln. Wenn Ihnen dies wie von allein gelingt, dann können Sie es gar nicht verhindern, dass Sie einen Partner anziehen, der Ihnen mit dem gleichen Maß an Liebe, Freundlichkeit und Respekt begegnet.

Lara war wunderschön, intelligent und freundlich. Auf andere wirkte sie schüchtern, und sie hielt sich selbst für langweilig. Als wir an ihrer Einstellung arbeiteten, erkannte sie, dass sie nicht fair mit sich war. Sie hatte schon immer Lust gehabt, einen Kochkurs zu machen und zur Stimmbildung zu gehen. Nun entschloss sie sich, ihren Traum wahr zu machen – für sich und nicht für einen möglichen Partner. Indem sie ihren Neigungen folgte, entwickelte sie mehr Spaß am Leben, und das wirkte ansteckend auf ihre Dates. Schon bald gab es drei Männer, die eine exklusive Beziehung mit ihr wünschten. Aber sie ließ sich genug Zeit, um die Herren gut genug kennenzulernen, bevor sie sich für einen entschied. Äußerlich hatte Lara sich nicht wesentlich verändert; ihre Veränderung war eine innerliche in der Art, wie sie sich selbst sah und welchen Wert sie ihrem Leben beimaß.

Bei der Partnersuche muss man Risiken eingehen und dem anderen sein wahres Selbst zeigen. So entstehen Nähe, Authentizität und Lernpotenzial. Sobald Sie die Bereiche Ihres Lebens identifizieren, die Sie vor anderen verschließen, können Sie üben, sich zu öffnen und entsprechende Risiken einzugehen. Schon bald werden Sie sich wohler damit fühlen, Ihr wahres Ich zu zeigen, und die Leute, die sich mit Ihnen auf einer Wellenlinie befinden, werden sich von Ihnen angezogen fühlen. Auf diese Weise sorgen Sie dafür, dass Sie Menschen anziehen, die genau zu Ihnen passen.

Mit der nachfolgenden Übung wenden wir uns der Beziehung zu, die Sie zu sich selbst pflegen – wie Sie sich behandeln, ob Sie sich selbst vertrauen, wie Sie sich zeigen und ob Sie sich in Ihrer eigenen Gesellschaft wohl fühlen. Sie werden herausfinden, was Sie an sich mögen und vor welchen Gedanken und Gefühlen Sie sich lieber drücken. Indem Sie ermitteln, in welchen Bereichen Sie sich mögen und in welchen Sie sich ablehnen, lernen Sie sich selbst besser kennen – und zu akzeptieren.

ÜBUNG:
WIE GROSS IST IHRE SELBSTACHTUNG?

Schreiben Sie die Antworten auf die folgenden Fragen in Ihr Tagebuch:

- Nehmen Sie sich regelmäßig Zeit für sich selbst?
- Richten Sie Ihre Aufmerksamkeit mehr auf das Gute als auf das Schlechte im Leben?
- Konzentrieren Sie sich mehr auf das Gute in sich statt auf das Schlechte?
- Investieren Sie Zeit, um sich zu pflegen?
- Nutzen Sie wenigstens 75 Prozent Ihrer Kraft, um etwas zu tun, was Sie tun wollen (statt für etwas, das Sie tun sollen)?
- Ist es Ihnen ebenso wichtig, sich selbst zufriedenzustellen wie andere?
- Lieben Sie sich selbst trotz der äußeren Umstände?
- Achten Sie darauf, so zu essen, zu schlafen, sich auszuruhen und Spaß zu haben, wie es Ihren Bedürfnissen entspricht?
- Fühlen Sie sich für alles verantwortlich, was Sie in Ihrem Leben schaffen?

- Schaffen Sie Freiräume, um das zu tun, woran Ihnen liegt und wo Sie Ihre Begabungen haben?

Falls Sie irgendeine der Fragen mit einem »Nein« beantwortet haben, dann nehmen Sie sich Zeit, um über die Gründe hierfür nachzudenken. Was hält Sie davon ab, für sich da zu sein? Nachfolgend finden Sie einige Vorschläge, wie Sie regelmäßig für sich sorgen können.

WIE MAN SEINE SELBSTACHTUNG FÖRDERT

Wie Sie über sich denken und wie Sie sich selbst behandeln, sagt aus, wie viel Zuneigung Sie sich entgegenbringen. Ich habe Ihnen bereits erste Hinweise darauf gegeben, wie es Ihnen gelingen kann, sich selbst besser zu anzunehmen. Nun wollen wir einzelne konkrete Schritte vorschlagen, die Sie auf dem Weg zu einem noch liebevolleren Umgang mit sich selbst gehen können.

Sorgen Sie für sich:
Fangen Sie an, regelmäßig für die Erfüllung Ihrer Bedürfnisse zu sorgen. Machen Sie Spaziergänge im Park, gehen Sie zur Maniküre oder Pediküre, sehen Sie sich einen Film an, kaufen Sie sich Blumen. Kurz: Tun Sie sich etwas Gutes an und sorgen Sie dafür, dass Sie sich gut fühlen – in dem Wissen, dass Sie nicht weniger als andere Menschen ein Recht darauf haben.

Tun Sie etwas um Ihrer selbst willen:
Überlegen Sie doch: Wie oft tun Sie etwas anderen zuliebe

statt für sich selbst? Wenn es Ihnen bisher vorrangig darum ging, Ihre Mitmenschen glücklich zu machen, dann treffen Sie jetzt eine neue Wahl. Ihr emotionales Wohlergehen macht es erforderlich, dass Sie sich ab und an um Ihre eigenen Bedürfnisse kümmern. Der Tank muss aufgefüllt werden, bevor Sie wieder für andere da sein können.

Bringen Sie »Wollen« und »Müssen« ins Gleichgewicht:
Machen Sie sich bewusst, wie häufig Sie etwas tun, weil Sie es müssen oder weil es Sie gut dastehen lässt. Denken Sie darüber nach, was Sie selbst tun wollen, und probieren Sie es zur Abwechslung einmal damit. Verzichten Sie auf die Schuldgefühle, die sich einstellen, wenn Sie nicht das tun, was Sie tun »sollten«. Gönnen Sie sich die Freude an der Erfüllung Ihrer eigenen Belange.

Üben Sie sich in Wertschätzung und Dankbarkeit:
Überprüfen Sie, was in Ihrem Leben positiv ist, und schreiben Sie darüber etwas in Ihr Tagebuch. Bedenken Sie stets: Das, worauf Sie sich konzentrieren, wächst. Finden Sie jeden Tag wenigstens drei Gegebenheiten, für die Sie dankbar sind. Wenn diese Bestandteil Ihrer selbst sind und sich nicht im Äußeren befinden, dann bekommen Sie Zusatzpunkte!

Fordern Sie Ihren inneren Nörgler zum Duell:
Widersprechen Sie der nörgelnden Stimme in Ihrem Kopf. Lassen Sie es nicht zu, dass sie Ihr Selbstvertrauen und Ihre Selbstachtung beschädigt. Setzen Sie diesem Kritikaster Affirmationen darüber entgegen, was gut an Ihnen und an der betreffenden Situation ist.

Übernehmen Sie Verantwortung:
Sie selbst erschaffen Ihr Leben! Sie sind nicht das Opfer. Übernehmen Sie die Verantwortung für das, was Sie in Ihren Alltag holen, und Sie werden spüren, dass Sie selbst die Macht haben, um Ihrem Dasein die gewünschte Richtung zu geben.

Akzeptieren Sie sich so, wie Sie sind:
Arbeiten Sie daran, alle Facetten Ihrer selbst ohne Urteil anzunehmen.

Erkennen Sie Ihre Stärken:
Erkennen Sie Ihre Stärken und entwickeln Sie sie weiter. Wenn Sie gern Gitarre spielen, dann setzen Sie sich in einen Park und spielen für Freunde. Suchen Sie etwas, was Sie mit Freude tun, und lassen Sie andere daran teilhaben. Das Internet bietet zahllose Möglichkeiten, um Menschen mit ähnlichen Neigungen in Ihrer Nähe kennenzulernen. Finden Sie Mittel und Wege, um Ihre Leidenschaften auszuleben und dabei neuen Menschen zu begegnen.

Lassen Sie andere an Ihren Begabungen teilhaben:
Bringen Sie Ihre Talente in die Welt ein und verlassen Sie Ihren Elfenbeinturm, um Ihr wahres Selbst zu offenbaren. Sie können nie wissen, wer gerade zusieht und sich in Ihr wahres Selbst verliebt.

Betätigen Sie sich ehrenamtlich:
Helfen Sie auf Ihre Art einem Bedürftigen. Das wird Sie daran erinnern, wie wertvoll Sie in einer Beziehung sind.

Sorgen Sie für Ihr persönliches Wachstum:
Therapie und Coaching sind großartige Mittel, um sich selbst im Rahmen einer Beziehung akzeptieren und lieben zu lernen. Man muss nicht unter Depressionen oder einer Geisteskrankheit leiden bzw. in einer Krise stecken, um von diesen Möglichkeiten zu profitieren.

Stehen Sie zu sich:
Wenn Sie stets liebevoll mit sich umgehen und Ihr Handeln mit Ihrem Denken in Übereinstimmung bringen, dann wird Ihr Selbstvertrauen größer. Ihre Selbstachtung wird wachsen, wenn Sie konsequent dabeibleiben.

Werden Sie Ihr eigener bester Freund:
Sorgen Sie für die Befriedigung Ihrer Bedürfnisse, gleich, ob Sie krank, traurig oder in der richtigen Stimmung zum Feiern sind. Schaufeln Sie Zeit frei für das, was Ihnen etwas bedeutet, und stehen Sie bedingungslos dazu.
Was Sie von sich selbst halten, teilt sich Ihrem Gegenüber sofort mit. Bevor Sie eine großartige Beziehung mit einem anderen Menschen eingehen, arbeiten Sie also lieber daran, zuerst einmal eine wunderbare lebenslange Beziehung zu sich selbst zu entwickeln. Sobald Sie gesund, zufrieden, glücklich und zentriert sind, wird vieles den Weg zu Ihnen viel leichter finden. Was Ihnen dann zufliegt, ist ein zusätzliches Vergnügen, nichts, was Sie unbedingt benötigen, und Sie werden für andere sogar noch attraktiver.

7.

In sich selbst verliebt sein –
Und sogar noch mehr
Liebe anziehen

Wenn Sie zehn Minuten hätten, könnten und würden Sie dann für Ihr Gegenüber all Ihre Stärken aufzählen? Ich habe die Erfahrung gemacht, dass den meisten Menschen ihre Fehler sofort abrufbar auf der Zunge liegen; wenn man jedoch nach ihren positiven Eigenschaften fragt, dann hört man nur lauter »Ähs« und »Hms«. Es ist uns peinlich, uns selbst zu loben, und unsere Bescheidenheit veranlasst uns, bei der Erstellung einer Liste unserer Vorzüge Kollegen, Freunde oder Familienmitglieder um Mithilfe zu bitten. Man kann es jedoch lernen, auf sich und die eigenen Leistungen stolz zu sein und diesen Stolz, gepaart mit einem Augenzwinkern, sichtbar zu machen. Das wollen wir in diesem Kapitel üben.

Stehen Sie zu Ihren Stärken!

Es wäre über die Maßen erfrischend, wenn jedermann seine Vorzüge auf der Rückseite seiner Visitenkarte aufzählte und sie dann auf Singletreffs verteilte. Ich präsentierte diese Idee meinen Klienten und schlug sie ihnen als humorvolle Methode vor, um Aufmerksamkeit zu erregen und ein Gespräch in Gang zu bringen. Normalerweise reagieren die Leute auf diesen Vorschlag zögernd und ängstlich: Wird man sie denn nicht für Angeber halten, wenn sie eine Visitenkarte verteilen, auf der zu lesen steht, was sie an sich selbst zu schätzen wissen? Nur weil man den eigenen Wert kennt, heißt das nicht, dass man hochnäsig ist oder nicht alle Tassen im Schrank hat.

Stellen Sie sich beispielsweise einen Mann vor, der nach einem Speed-Dating-Event nach Hause kommt, die eingesteckten Visitenkarten sortiert und dann auf die Ihre stößt. Sie wird ihn zum Lächeln bringen. Er wird denken: »Was für eine wunderbare Abwechslung, einmal einer Frau zu begegnen, die weiß, dass sie ein guter Fang ist, und die noch dazu humorvoll ist und eine spielerische Herangehensweise hat. Vielleicht sollte ich sie anrufen und mich mit ihr verabreden.« Es zahlt sich aus, wenn Sie lernen, Ihre Fähigkeiten auch einzusetzen.

ÜBUNG:
ENTWERFEN SIE SICH EINE DATING-VISITENKARTE

Notieren Sie auf einem Karton von der Größe einer Visitenkarte all die Gründe, warum jemand sich glücklich schätzen muss, mit Ihnen ausgehen zu dürfen. Und geben Sie dabei Ihre Zurückhaltung auf!
Vergessen Sie Ihren Namen und Ihre Telefonnummer auf der Vorderseite nicht, denn diese Visitenkarte wird hundertprozentig Aufmerksamkeit erregen. Sie können sich ein Beispiel an dem Muster in Abbildung 3 nehmen.

Lehrerin, Coach, Freundin, Schriftstellerin, Rednerin, mutig, schön, lustig, schlau, freundlich, interessant, wissbegierig, familienorientiert, romantisch, visionär, großzügig, kreativ, einzigartig, überraschend, naturbegeistert, kinderlieb, reiselustig, spirituell, analytisch, neugierig, offen, einsichtig, zielorientiert, verantwortungsbewusst, fleißig, selbstbewusst, aufrichtig, geradeheraus, einfühlsam, inspirierend, unterhaltsam, charismatisch, energiegeladen, erfolgreich, künstlerisch, spielerisch, treu, integer, sexy, authentisch – **UND SINGLE!**

☎ *0385 29593*

Abbildung 3: Die Dating-Visitenkarte

Auch wenn Sie glauben, zu schüchtern zu sein, um eine Visitenkarte zu verteilen, die Sie derart über den grünen Klee lobt, entwerfen Sie trotzdem eine. Wenigstens können Sie sie bei sich tragen. Das Wissen, dass sie dort ist, wird Sie zum Lächeln bringen und Ihr Selbstbewusstsein stärken. Außerdem geht es hier nicht um Effekthascherei oder darum, irgendetwas vorzutäuschen. Ihr Ziel ist es lediglich, dass Sie sich selbst voller

Stolz so annehmen, wie Sie sind, und Zugang zu Ihren Möglichkeiten und Ihrer Energie finden. Sie wissen ja: Jeder Mann, der Sie kennenlernen darf, hat einen Glücksgriff getan.

Die eigene Gesellschaft genießen

Damit Sie Ihre Beziehung zu sich selbst verbessern können, ist es wichtig, qualitativ hochwertige Zeit allein zu verbringen. Die meisten meiner Klienten sind ständig damit beschäftigt, irgendetwas zu tun, auf Partys zu gehen und Freunde zu treffen. Wenn sie ins Kino gehen, um ohne Begleitung einen guten Film zu sehen, dann fühlen sie sich als Loser. Oder aber unterdrückte negative Gefühle finden ihren Weg an die Oberfläche. Vor diesen Gefühlen muss man nicht davonlaufen. Lassen Sie sich darauf ein, damit Sie sie verstehen und freisetzen können. Wenn Sie traurig sind, dann gestatten Sie sich zu weinen und schreiben Sie später Ihre Gefühle dazu in Ihr Tagebuch. Versuchen Sie, mit Liebe und Mitgefühl zu akzeptieren, was in Ihnen vorgeht. Dann werden Sie fähig, sich selbst zu lieben, und Sie werden gern mit sich selbst zusammen sein, gleichgültig, wo Sie sind und wer bei Ihnen ist.

Wunderbar, wenn man gesellig und unternehmungslustig ist. Doch wenn es Ihnen außerdem gelingt, auch stillzusitzen und sich selbst liebevoll anzunehmen, dann können Sie glücklich sein, ohne dass Sie noch irgendetwas zusätzlich brauchen. Ein anderer Mensch kann Ihnen in diesem authentischen, friedlichen Raum Gesellschaft leisten, ohne dass einer von Ihnen geschäftig tun, Eindruck machen oder sich verstellen muss.

Wenn Sie gern mit sich allein sind, dann verringert sich Ihr Bedürfnis nach Zustimmung von der Außenwelt.

Stellen Sie sich die folgenden Fragen: »Bin ich gern in meiner eigenen Gesellschaft?« Und: »Ist es mir möglich, regelmäßig einen Abend allein zu verbringen und das zu tun, was mir Freude bereitet?« Viele meiner Klienten eilen von einer schlechten Beziehung zur nächsten, weil sie es mit sich selbst allein nicht aushalten. Statt allein zu sein, wollen sie ihre Zeit lieber mit einem Menschen verbringen, der sie schlecht behandelt.

Wenn es Ihnen gelingt, es mit sich selbst auszuhalten, ohne dass Sie sich dabei unwohl oder gelangweilt fühlen, dann werden Sie auch in der Gesellschaft eines anderen Menschen authentischer und präsenter sein. Zeit für sich – Stille statt Ablenkung – gibt Ihnen die Gelegenheit, Kontakt mit Ihren Gefühlen aufzunehmen und sie zu verarbeiten. Der Blick nach innen offenbart Ihnen Ihr Innerstes und gibt Ihnen die Möglichkeit, Angehäuftes zu erledigen. So entwickeln Sie die Freiheit, sich einem anderen Menschen zuzuwenden und in der jeweiligen Situation präsent zu sein. Sie erhalten Ihre liebevolle Anteilnahme für sich selbst aufrecht, unabhängig davon, was der andere Mensch tut oder sagt.

Es ist wichtig, dass Sie Ihre eigenen Interessen und Leidenschaften kennenlernen, denn nur wenn Sie ein eigenes Leben führen, haben Sie auch etwas, was Sie in eine Beziehung einbringen können. Außerdem werden Sie nicht so leicht abhängig davon, dass Ihr Partner Ihre Bedürfnisse befriedigt. Der Druck, der auf einer Partnerschaft lastet, wird damit geringer.

Die meisten Frauen fühlen sich in ihrer Clique wohl. Wenn sie keinen Freund haben, dann sind sie mit ihren Freundinnen zusammen. Die wenigsten erinnern sich daran, wann sie das letzte Mal freiwillig Zeit mit sich allein zugebracht haben. Höchstens vielleicht bei der Kosmetikerin oder dem Friseur ...! Allein in einem Park spazieren zu gehen, als »Solistin« eine Galerie aufzusuchen oder ohne Gesellschaft einen Film anzusehen – alldem können sie nichts abgewinnen. Allein zu sein scheint ihnen der größte vorstellbare vernichtende Schicksalsschlag. Wenn die Dinge bei Ihnen so stehen, warum sollte dann ein toller Typ Zeit mit Ihnen verbringen wollen?

Um ein begehrtes Date zu werden, sich selbst zu kennen, zu mögen und gern Zeit mit der eigenen Person zu verbringen, müssen Sie sich regelmäßig mit sich selbst verabreden! Anfangs bedarf es möglicherweise einiger Disziplin und einiges Engagements, doch die meisten meiner Klientinnen möchten nicht mehr darauf verzichten, sobald es ihnen zur Gewohnheit geworden ist. Daran wollen wir in der nächsten Übung arbeiten.

Zuvor ein warnendes Wort: Treten Sie zu dieser Übung nicht mit zu großen Erwartungen an. Wählen Sie irgendetwas aus, was Sie gern (mindestens) jede zweite Woche tun wollen, kennzeichnen Sie den Termin in Ihrem Terminkalender mit einem Herzen und machen Sie daraus Ihren Tag. Der Trick besteht darin, dass Sie sich selbst nicht absagen, sobald sich etwas vermeintlich »Interessanteres« ergibt.

Statt sich auf einen Partner zu konzentrieren, nehmen Sie sich Zeit für sich selbst. Welche Gefühle steigen auf, wenn Sie allein sind? Langweilen Sie sich? Sind Sie traurig? Verbringen Sie gern Zeit mit sich allein? Füllen Sie nach jeder Verabredung mit sich selbst ein »Selbstbegegnungsformular« in Ihrem Tagebuch aus, um festzustellen, was Ihnen die Erfahrung gebracht hat, zum Beispiel:

Datum: 17. März.

Tätigkeit: Spaziergang im Stadtpark.

Stimmung: traurig und unzufrieden mit mir selbst.

Gedanken: Ich bin nicht gut genug.

Daraus gelernt: Ich bin zu streng mit mir.

Ursache: Meine Mutter hat mich immerzu kritisiert.

Gegenmaßnahme: Blick mehr auf das Positive richten.

Geschafft habe ich: nachdenken über mich selbst und Verständnis für mich selbst.

Auswirkung auf meine Partnerschaften: Ich bin mit mir selbst liebevoller und anderen gegenüber positiver eingestellt.

ÜBUNG:
BEWERTEN SIE DAS MASS IHRER ZUSTIMMUNG ZU SICH SELBST

Im Verlauf der Partnersuche werden Sie Zurückweisungen erfahren. Erinnern Sie sich immer wieder daran, dass Sie am ehesten damit fertig werden, wenn Sie selbst nicht auch noch ins gleiche Horn blasen und sich ebenfalls schlechtmachen. Lesen Sie die nachfolgenden Aussagen. Stellen Sie fest, ob Sie ihnen zustimmen können oder ob Sie sie ablehnen, und notieren Sie Ihre Kommentare in Ihrem Tagebuch:

- Wenn ich einem Date nicht gefalle, dann gebe ich mir nicht selbst die Schuld.
- Ich nehme mich so an, wie ich bin.
- Jeder Mann, der mich kriegt, ist ein Glückspilz.

- Es kommt öfter vor, dass ich mir selbst Komplimente mache, als dass ich mich kritisiere.
- Ich liebe das Leben, das ich mir aufgebaut habe.
- Ich fühle mich wohl, wenn ich allein bin.
- Ich warte nicht, bis ich einen Partner gefunden habe, damit ich das erleben kann, was mir Freude bereitet.
- Ich habe ein Netzwerk von Freunden, die mich mögen und die nett zu mir sind.
- Wenn sich in meinem Leben nichts ändert, bin ich trotzdem glücklich.
- Es fällt mir leicht, eine Liste mit meinen 25 größten Vorzügen anzufertigen.

Falls Sie mehr als zwei dieser Aussagen verwerfen, dann müssen Sie dringend etwas für Ihr Selbstwertgefühl tun. Vielleicht erscheint es Ihnen aber auch ratsam, sich in dieser Angelegenheit in Therapie zu begeben.

Zeigen Sie sich!

Sie können das Maß Ihrer Selbstakzeptanz steigern, indem Sie sich selbst in Ihrem Leben offenbaren. Fangen Sie an, sich mit all Ihren Eigenheiten anzunehmen und sie bewusst zu leben. Carol war sehr eigen und gehemmt. Im Zusammensein mit anderen wirkte sie äußerst reserviert, und sie machte sich oft Sorgen, dass man sie kritisieren könnte. Um eine Veränderung herbeizuführen, machte sie winzig kleine Schritte. Sie schloss sich einem Literaturclub an und ließ die anderen an ihren Interpretationen teilhaben. Sie zwang sich, bei Teambesprechungen an ihrem Arbeitsplatz häufiger das Wort zu ergreifen, und gewährte Freunden und Verwandten mehr Zugang zu ihren tiefen Gefühlen. Anfangs ängstigte sie dieser Prozess der Selbstoffenbarung, doch merkte sie auch, dass ihr daraus keine Nachteile entstanden. Vielmehr wuchs ihr Selbstvertrauen, sie war entspannter und fühlte sich in der eigenen Haut wohler. Mit der Zeit konnte sie den Männern, mit denen sie ausging, offener begegnen und wirkte präsenter. Sie lernte Männer kennen, die sie so mochten, wie sie war, und die sie interessant und offen fanden und sich bei ihr in bester Gesellschaft fühlten.

Damit Sie den Menschen anziehen können, der zu Ihnen passt, müssen Sie sich aus Ihrem Schneckenhaus herauswagen. Geben Sie sich einen Ruck und tun Sie, was Sie schon immer tun wollten, wozu Ihnen aber bisher der Mut fehlte. Ergreifen Sie die Gelegenheiten beim Schopfe, die sich Ihnen bieten, und werden Sie zu dem Menschen, der Sie schon immer sein wollten. Machen Sie sich keine Sorgen, wenn Ihnen auf dem Weg zu diesem Ziel Fehler unterlaufen.

ÜBUNG:
NUTZEN SIE GELEGENHEITEN,
UM AUS SICH HERAUSZUGEHEN

Es ist an der Zeit, dass Sie jetzt Ihre Ziele im Leben ernsthaft in Angriff nehmen, doch dazu müssen Sie zunächst Ihre Ängste ablegen. Schreiben Sie in Ihr Tagebuch, welches Wagnis Sie immer schon einmal eingehen wollten (zum Beispiel ein Buch schreiben, die Schauspielerei aufnehmen oder in ein fremdes Land reisen), was Sie davon abgehalten hat, es tatsächlich zu riskieren, was Sie verändern wollen, um Ihre Vision zu verwirklichen, und was Sie letztlich aus der Erfahrung gelernt haben.

Stärken Sie Ihr Selbstvertrauen, indem Sie Ihre Ängste genau benennen und dann ein Risiko eingehen. Solche Handlungsweisen haben immer einen Dominoeffekt zur Folge, der in alle anderen Lebensbereiche hineinreicht. Wenn Sie Ihr wahres Selbst offenbaren, dann inspirieren Sie andere, es Ihnen gleichzutun. Das trifft zu für potenzielle Lebenspartner und sogar für bereits existierende Beziehungen, auch mit Freunden und Verwandten. Die Partnersuche macht es erforderlich, dass Sie sich neuen Menschen gegenüber öffnen und dass Sie Sie selbst sind.

Wenn es Ihnen gelingt, sich selbst als den Menschen zu lieben, der Sie sind, und auch Personen in Ihrem Freundeskreis dies so empfinden, dann wird es Ihnen leichter fallen, Zurückweisungen nicht mehr persönlich zu nehmen. Egal, in welchem Lebensbereich, Sie können nie mehr als Ihren Anteil einbringen. Sie haben keine Kontrolle über andere, über das Wetter, die Umstände, den Wettbewerb, die Richter oder das Resultat ... Sie können nichts weiter tun, als sich in die Menge zu stürzen und aus der Erfahrung zu lernen. Also nehmen Sie sich genug Zeit, um herauszufinden, was Sie ursprünglich einmal ausgebremst hat. Dann nehmen Sie Anlauf und stürzen sich voller Vertrauen neuerlich ins Leben. Führen Sie das Leben, das Sie sich erträumen. Tun Sie es jetzt.

8.

Legen Sie sich auf Ihre Lebens-vision fest – Ihre Idealvorstellung zieht den idealen Partner an

Ihre Lebensvision

Nun, da wir einen Blick darauf geworfen haben, wer Sie sind, wollen wir unsere Aufmerksamkeit auf das Leben richten, das Sie gegenwärtig führen. Ihr Alltag ist ein Spiegelbild dessen, wofür Sie sich entschieden haben. Viele Frauen meinen, ihr Leben könne erst beginnen, wenn »der Eine« die Bühne betreten hat. Erst dann werden sie in Urlaub fahren, ein Haus kaufen oder Unterricht in Gesellschaftstänzen nehmen.

Bis zu diesem Augenblick sind sie unglücklich und unvollständig oder zumindest hingehalten. Diese Frauen hoffen darauf, dass sie aus einer solchen Position des Mangels und der Bedürftigkeit heraus eine Beziehung aufbauen können. Stellen Sie sich vor, zu welcher Partnerschaft sie erst fähig wären, wenn ihre Basis Fülle, Zufriedenheit, Verantwortungsbewusstsein, Selbstakzeptanz und Erfüllung wäre ...!

Um diese Eigenschaften auszustrahlen, müssen Sie Ihre Träume jetzt beim Schopfe packen und schon jetzt all das verwirklichen, was Sie sich wünschen! Beginnen Sie, indem Sie jeden Augenblick voll und ganz ausleben, und Sie werden jemanden anziehen, der zu Ihnen passt. In meiner Praxis habe ich häufig beobachtet, dass der potenzielle Partner dann ins Leben meiner Klienten tritt, während sie sich aktiv mit einer Angelegenheit beschäftigten, an der ihnen leidenschaftlich lag und die ihnen Spaß machte. Als ich auf Partnersuche war, unterrichtete ich gerade Erstsemester in einem Aufbaukurs, was mir ein ungeheures Vergnügen bereitete. Meine Klasse machte begeistert mit, und wir hatten eine tolle Zeit zusammen. Der Direktor kam ein paar Mal zur Visitation und machte mich darauf aufmerksam, wie sehr mich die Studenten mochten. Schließlich bat er mich, mit ihm auszugehen; wir hatten die Freude am Unterrichten gemeinsam. Auch meinen Mann lernte ich kennen, als wir an einer Klinik gemeinsam an einem familientherapeutischen Fall arbeiteten. Ich behandelte den Bruder, und er therapierte die Schwester. Wir beide bezogen die Mutter in unsere Arbeit mit ein und interessierten uns aufrichtig für das Wohlergehen dieser Familie. Das Engagement für ein und dieselbe Sache brachte uns einander näher. Es kommt häufig vor, dass Partner in ihrem Kern über eine ähnliche Energie verfügen, daher ist es eine gute Idee, genau das zu tun, was man besonders gern mag, weil man dann sehr gut seelenverwandte Menschen anziehen kann.

In der nachfolgenden Übung werden Sie sich mit Ihrer Lebensvision, mit dem Grad Ihrer Zufriedenheit und mit Ihrem Aktionsplan befassen. Sie werden sich daran erinnern, dass Sie für alles, was in Ihr Leben tritt, und für die Realisierung Ihrer Träume durch Visionen und Handlungen selbst verantwortlich sind. Dazu gehört auch Ihr Traum von einer idealen Beziehung.

ÜBUNG:
WELCHE VISION HABEN SIE VON IHREM LEBEN?

Warum sollten Sie damit warten, Ihre Träume zu verwirklichen, bis Sie in festen Händen sind? Wenn Sie für sich ein Leben erschaffen, das Ihnen gefällt, dann steigt die Wahrscheinlichkeit, einen Partner anzulocken, der zu Ihnen passt. Um sich Klarheit darüber zu verschaffen, welche Vision Sie von Ihrem Leben haben, fertigen Sie eine Collage davon an. Manche Leute nennen sie ihre »Visions-Pinnwand« oder »Schatzkarte«. Welchen Namen Sie diesem Hilfsmittel auch geben wollen, es wird sich als nützlich erweisen und Ihnen helfen, Ihre Vision zu verwirklichen.

Nehmen Sie, während Sie abends vor dem Fernseher sitzen, einen Stapel Zeitschriften zur Hand, schneiden Sie all die Bilder aus, von denen Sie sich angesprochen fühlen, und stecken Sie sie in einen Umschlag. Verzichten Sie darauf, den Vorgang allzu sehr zu hinterfragen; lassen Sie einfach Ihr Herz wählen. Dann kaufen Sie sich bei der nächstbesten Gelegenheit einen DIN-A3-Karton, einen Klebestift und ein paar Marker. Kleben Sie die ausgeschnittenen Bilder auf den Karton und fügen Sie ein paar inspirierende Worte oder Symbole hinzu, die für die kreative Energie stehen, die Sie in Ihrem Leben manifestieren wollen. Ihr Unbewusstes lässt sich insbesondere durch Bilder ansprechen, daher kann eine solche Collage äußerst wirkungsvoll sein. Hängen Sie die Collage an einer Stelle in Ihrer Wohnung auf, an der Sie mehrmals am Tag vorbeikommen, und lassen Sie sich von ihr inspirieren.

Die folgenden Lebensbereiche könnten Sie in Ihre Collage einbeziehen:

~ *Wohnort,*
~ *Familie,*
~ *Beruf,*
~ *Beziehung und*
~ *Berufung.*

Als Nächstes verbalisieren Sie Ihre Vision in Ihrem Tagebuch und beschreiben, was Sie in den verschiedenen Lebensbereichen erreichen wollen. Indem Sie Ihre Visionen sowohl schriftlich als auch bildlich zum Ausdruck bringen, kommen Sie der Manifestation Ihrer Träume schon ein großes Stück näher. Sie haben eine deutlichere Vorstellung von Ihren Wünschen, und Ihr Unbewusstes fühlt sich verpflichtet, mit Ihnen bei der Realisierung zusammenzuarbeiten.

Sie werden sehen: Sobald Sie selbst die Kräfte aktiv in Bewegung setzen, die Ihre Visionen wahr werden lassen,

Abbildung 4: Die Visions-Pinnwand

brauchen Sie keinen Mann mehr, der Sie »rettet« und Ihr Leben für Sie »gestaltet«. Stattdessen suchen Sie sich einen aus, der selbst ein phänomenales Leben führt und das Ihre mit Ihnen teilen darf. Er wird anhand dessen, was Sie geschaffen haben, erkennen, wer Sie sind. Viele Frauen versuchen, sich dem Mann an ihrer Seite anzupassen, und geben Interessen für ihn auf, die ihnen wichtig sind. Später machen sie ihm deshalb Vorwürfe. Diese Haltung belastet die Beziehung und bringt Sie keinen Schritt weiter. Die Verantwortung für Ihr Leben liegt bei Ihnen, machen Sie sich also an die Arbeit. Sorgen Sie selbst dafür, dass Ihre Visionen wahr werden!

Diese Übung wird Ihnen helfen, konkrete Schritte zu unternehmen, um heute das Leben Ihrer Träume zu verwirklichen. Haben Sie Geduld mit sich. Es ist schon möglich, dass Sie langfristig planen müssen, um für Ihr Traumhaus zu sparen. Doch Sie werden staunen, wie gut es sich anfühlt, jeden Tag nur einen Euro beiseitezulegen und zu spüren, wie Ihr beständiger Einsatz und Ihr Handeln schon bald etwas Greifbares schaffen. Ziel ist es, von heute an konkrete Schritte zur Verwirklichung Ihrer Vorstellung zu machen.

Sie müssen Ihre Vision dadurch in Handlung übersetzen, dass Sie sie in kleine Schritte zerlegen, mit denen Sie fertig werden können. Machen Sie einen Anfang, indem Sie einen der Träume aus einem der Lebensbereiche aus der letzten Übung auswählen. Dann halten Sie in Ihrem Tagebuch fest, welche Hindernisse sich der Verwirklichung dieses Traums entgegenstellen und was Sie tun müssen, um sie zu überwinden. Wiederholen Sie diese Schritte für jedes Ziel, das Sie im Rahmen Ihrer Lebensvision erreichen wollen, zum Beispiel:

- *Ziel:* »Ich hätte gern ein eigenes Haus, doch vielleicht sollte ich damit warten, bis ich verheiratet bin ...«
- *Hindernisse:* Angst, fehlendes Wissen in Immobilienangelegenheiten, mangelndes Selbstvertrauen, Angst vor großer Verantwortung.
- *Gegenmaßnahmen:* Beschäftigen Sie sich mit den Immobilienanzeigen Ihrer Region und entsprechenden

Fachzeitschriften, lassen Sie sich über gute Handwerker beraten, suchen Sie Netzwerke im Internet, holen Sie Erkundigungen über Finanzierungsmodelle ein, suchen Sie sich einen Makler. Sammeln Sie Informationen und Mittel, und schon verfügen Sie über die geeigneten Gegenmaßnahmen, um Ihre bisherigen Ausreden zu entkräften.

Wie zufrieden sind Sie mit Ihrem Leben?

Es ist eine weitverbreitete Einstellung unter Frauen, darauf zu warten, dass ein Partner daherkommt, der sie glücklich macht. Wie attraktiv ist diese Haltung aus der Perspektive des zukünftigen Partners? Würden Sie umgekehrt gern einen unglücklichen Mann heiraten und dann sein Leben für ihn in Ordnung bringen? Oder wäre es Ihnen doch lieber, sich von ihm inspirieren zu lassen, so wie er jetzt gerade ist, und zu denken: »Super, da würde ich gern mitmachen – auf mich kannst du zählen«? Wenn Sie aus dem, was Sie haben, und aus sich selbst alles herausholen, dann schaffen Sie Raum für sogar noch mehr Fülle.

In diesem Abschnitt sollen Sie sich genau ansehen und sich eingestehen, wie zufrieden Sie mit Ihren einzelnen Lebensbereichen sind, damit Sie anfangen können, gegebenenfalls Verbesserungen vorzunehmen.

Bewerten Sie die nachfolgenden zehn Lebensbereiche in Ihrem Tagebuch mit Werten zwischen 0 und 10, wobei 0 für »absolut unbefriedigend« und 10 für »im höchsten Maße befriedigend« steht. Erklären Sie die Bewertung, die Sie für jeden Begriff gewählt haben.

- Spaß/Freizeit,
- Familie,
- Sozialleben,
- Beziehungen,
- Spiritualität,
- Gesundheit,
- Beruf,
- Finanzen,
- Selbstpflege und
- Lebensplan.

Geben Sie das Tagebuchschreiben nicht auf! Treten Sie jetzt in Aktion, um die Lebensbereiche zu verbessern, mit denen Sie nicht zufrieden sind. Fragen Sie sich zum Beispiel, wie Sie den Bereich »Beziehungen«, den Sie mit 2 bewertet haben, diese Woche um einen Punkt auf 3 verbessern können. So hätten Sie etwa die Möglichkeit, Veranstaltungen für Singles zu besuchen, um neue potenzielle Beziehungskandidaten kennenzulernen. Entwerfen Sie für jeden verbesserungswürdigen Lebensbereich einen Aktionsplan, um den Grad Ihrer Zufriedenheit zu steigern. Legen Sie sich dabei auf Termine und Zielsetzungen fest.

Je mehr es Ihnen gelingt, Ihre Träume zu verwirklichen,
desto mehr werden Ihr Selbstvertrauen und Ihre Zufriedenheit wachsen.

Bewerten Sie Ihr Engagement

Jegliche Veränderung bedarf des Engagements und der Hinga-
be. Wie beurteilen Sie Ihre Einsatzbereitschaft? Halten Sie
durch, bis Sie ein einmal gestecktes Ziel erreicht haben? Wenn
Sie sich in Bereichen wie Arbeit und Gesundheit ein hohes
Maß an Engagement bescheinigen können, dann ist die Wahrscheinlichkeit groß, dass Sie die gleiche Zielstrebigkeit auch
für die Partner- und Beziehungssuche aufbringen. Sie müssen
lernen, sich einer Angelegenheit, die es Ihnen wert ist, mit
Haut und Haaren zu verschreiben, um Ihre schöpferische
Macht zu spüren.

Nehmen Sie zum Beispiel Mandys Geschichte. Mandy be-
trat meine Praxis mit Klagen über ihren »Wischiwaschi-Lo-
ver«, der sich auf nichts festlegen wollte. Sie war seit zwei
Jahren mit ihm zusammen. Ich erinnerte sie daran, dass sie
zu mir gekommen war, um an sich zu arbeiten, und sie schien
überrascht. Ich machte sie darauf aufmerksam, dass man immer den Partner anzieht, der man selbst ist. Sie dachte darüber nach und sagte: »Aber ich bin wirklich ein verantwor-
tungsbewusster Mensch. Ich mache meine Ankündigungen
wahr.«

Oberflächlich betrachtet, schien sie recht zu haben. Sie galt bei
der Arbeit als zuverlässig und erschien pünktlich zu Verabre-

dungen. Wenn es jedoch um Belange ging, die etwas mit ihrem Partner zu tun hatten, dann hielt sie nicht, was sie versprochen hatte. Zum Beispiel hatte sie ihm gesagt, sie würde es nicht mehr zulassen, dass er sie den halben Abend lang warten ließ. Doch wenn er sie wieder einmal stehenließ, um in eine Kneipe zu gehen, dann folgte sie ihm dorthin, um bei ihm zu sein – und dann verlangte sie auch noch, dass er sie gefälligst mit Respekt behandeln sollte …

In ihrer gegenwärtigen Beziehung hatte ihr Wort kein Gewicht, ihr Partner bestimmte, wo es langging. Mandy beklagte sich über das mangelnde Engagement ihres Partners und übersah dabei, dass sie selbst nicht umsetzte, was sie angekündigt hatte. Sobald sie diese Zusammenhänge erkannte, veränderte sich ihr Leben. Mandy beendete die Beziehung und traf nun zwei Männer, die sie gut behandelten. Mit der Zeit lernte sie, unabhängig von der Reaktion ihres jeweiligen Partners ihrem Wort treu zu bleiben. So tat sie sich schließlich mit einem verantwortungsbewussten, fürsorglichen Mann zusammen, der so mit ihr umging, wie sie es verdiente, und der ihr widerspiegelte, wie liebevoll sie mit sich selbst umging.

ÜBUNG:
WIE STARK BRINGEN SIE SICH EIN?

Untersuchen Sie in Ihrem Dating-Tagebuch jeden dieser wichtigen Bereiche Ihres Lebens unter den Aspekten »Vorsatz«, »Grad des Engagements« und »Verbesserungsmaßnahme«. Halten Sie fest, wo es Ihnen an Engagement fehlt und was Sie besser machen könnten, zum Beispiel zum Thema »Gesundheit«:

- *Vorsatz:* Ich möchte dreimal die Woche zum Fitness-training gehen.
- *Grad des Engagements:* nicht so gut.
- *Verbesserungsmaßnahme:* Ich werde zweimal die Woche einen persönlichen Trainer nehmen und meine Fortschritte dokumentieren.

Analysieren Sie alle weiteren Lebensbereiche wie etwa Arbeit, Familie, Finanzen, Beziehungen, Sozialleben, Hobbys, persönliche Entwicklung und Spiritualität nach dem gleichen Prinzip. Stellen Sie fest, wo Ihr Engagement zu gering ausfällt, und ergreifen Sie Gegenmaßnahmen.

Als meine Klientin Judy diese Übung machte, stellte sie fest, dass sie mit den Bereichen Arbeit und Finanzen äußerst zufrieden war. Sie ging einer anspruchsvollen Tätigkeit nach, die den größten Teil ihrer Zeit verschlang. In den Bereichen Beziehungen und Freizeit war sie unzufrieden und kam zu dem Schluss, dass sie hier etwas verändern sollte. Sie stellte jemanden ein, der ihr im Haushalt das Gröbste abnahm, und fing an, bei der Arbeit mehr zu delegieren. Außerdem machte sie es sich zur Regel, ihren Arbeitsplatz um 18.00 Uhr zu verlassen und sich die Wochenenden frei zu halten. Die Abende und Wochenenden, die ihr damit wieder zur Verfügung standen, konnte sie nun für die Partnersuche und die Freizeitgestaltung nutzen. In der Folge entwickelte sie eine größere Ausgeglichenheit. Außerdem wollte sich Judy nun ernsthaft der Partnersuche widmen und in ihrem Privatleben das tun, was ihr wichtig war und was ihr Spaß machte.

Engagement für das eigene Selbst

Viele Frauen wollen einen Partner finden, bevor sie zu sich selbst gefunden haben. Wenn Sie eine Ehe schließen, dann versprechen Sie, für den anderen da zu sein – in guten wie in schlechten Zeiten. Sie wissen nicht, was die Zukunft bringt, aber sie sind dennoch bereit, es mit Krankheiten und allen möglichen Widrigkeiten aufzunehmen sowie den anderen dabei zu achten und zu ehren. Warum können wir das nicht auch für uns selbst tun?

Wenn alles gut läuft, dann sind wir mit uns zufrieden und mögen uns. Aber wenn wir zwanzig Pfund zunehmen, die Arbeit verlieren oder auf der Beziehungsautobahn ins Schleudern geraten, dann verwandeln wir uns in unseren eigenen schlimmsten Feind. Engagement für das eigene Selbst bedeutet aber, dass wir uns nicht von uns abwenden, sobald sich Schwierigkeiten am Horizont zeigen. Es bedeutet vielmehr, dass wir für die gesamte Wegstrecke zu uns halten, auch dann, wenn wir uns gelegentlich für die falsche Abzweigung entscheiden.

Jetzt ist der Augenblick gekommen, um zu bewerten, wie weit Sie sich auf Ihr Leben einlassen und zu sich stehen. Wenn Sie wissen, woran Sie bei der eigenen Person sind, dann fällt es Ihnen leichter, die Disziplin aufzubringen, die Sie brauchen, wenn es unangenehm, lästig oder unerfreulich wird, ein gestecktes Ziel bis zum Ende zu verfolgen – eine wichtige Voraussetzung für den Erfolg jedes Langzeitprojekts wie etwa einer Partnerschaft.

Indem Sie feststellen, in welchem Maße Sie Engagement für sich selbst aufbringen, beeinflussen Sie Ihren Erfolg in der

Partnersuche. Wenn Sie sich zum Beispiel vornehmen, sich selbst respektvoll zu behandeln, und sich dann in einen Alkoholiker verlieben, der von Ihnen verlangt, dass Sie Ihren Beruf an den Nagel hängen, dann werden Sie ihm diesen Gefallen wohl kaum tun können, ohne Ihren Vorsatz und Ihre Glaubwürdigkeit vor sich selbst zu gefährden. Die beste Partnerschaft ist die, die wir als eine Art Erweiterung unseres Engagements für uns selbst führen, denn in ihr ist uns die Achtung sicher als der Mensch, der wir sind. Wenn sich beide Partner verpflichten, sich selbst zu achten, dann werden sie auch einander achten und würdigen – und können so eine gemeinsame Lebensvision schaffen.

Würden Sie sich selbst heiraten?

Finden Sie heraus, in welchem Maß Sie sich selbst achten, indem Sie sich die folgenden Fragen stellen:

- Würden Sie sich selbst so heiraten, wie Sie im Augenblick sind?
- Würden Sie für den Rest Ihres Lebens Ihre eigene Gesellschaft und die Partnerschaft mit Ihnen selbst wählen?

Beantworten Sie diese Fragen in aller Aufrichtigkeit. Falls Ihre Antwort »Nein« lautet, dann fragen Sie sich, warum. Haben Sie Ihre Finanzen nicht unter Kontrolle? Sind Sie jähzornig? Sind Sie bereit, Mutter zu sein? Sind Sie dazu in der Lage, die Versprechen zu machen und zu halten, die eine Ehe erfordert?

Kein Mensch ist vollkommen. Jeder ist eine »Baustelle«. Doch es ist wichtig herauszufinden, weshalb Sie sich nicht für »ehewürdig« halten, obwohl Sie sich doch nach einer dauerhaften Partnerschaft sehnen. Benennen Sie Ihre Befürchtungen, damit Sie ihnen etwas entgegensetzen können. Wenn Sie beispielsweise meinen, auf die Mutterschaft nicht ausreichend vorbereitet zu sein, dann könnten Sie sich ein Haustier anschaffen, um an ihm zu »üben«, verantwortungsvoll für ein anderes Lebewesen da zu sein. Notieren Sie Ihre Befürchtungen in Ihrem Tagebuch und schreiben Sie auf, wie Sie ihnen entgegentreten wollen. Sobald Sie sie aus dem Weg geräumt haben, müssen Sie sich mit der Frage beschäftigen, in welchem Maß Sie sich für die eigene Person einbringen wollen.

ÜBUNG:
DIE VERLOBUNG MIT SICH SELBST

Die meisten der Klienten, die zu mir kommen, weil sie auf der Suche nach einem Partner fürs Leben sind, können ihn nicht finden, weil sie sich selbst noch nicht gefunden haben. Sie akzeptieren sich nicht so, wie sie sind, und sie wissen nicht, was sie im Leben erreichen wollen. Folglich können sie sich für nichts von beidem ausreichend engagieren. Ein Mensch, der keine klare Vorstellung hat und keine Vision, welcher er die Treue geloben kann, läuft Gefahr, einen Lebenspartner auf der Basis unbewusster Gefühle oder unbewusster Anziehung zu wählen. Deshalb rate ich meinen Klienten, erst einmal herauszufinden, was sie in ihrem Leben erreichen wollen, und dann nach einem Partner zu suchen, der diese Vorstellung unterstützt.

Ich habe ein Ritual entwickelt, in dem Sie sich mit sich selbst verloben können, denn es ist eines, das wir in unserer Kultur nicht kennen. Das Happy End handelt natürlich davon, dass wir den richtigen Partner finden, doch der Vorbote dieses glücklichen Ereignisses ist, dass wir uns finden, uns die Treue geloben und uns mit uns selbst verloben. Sobald Sie fähig sind, sich für die eigene Person zu entscheiden, werden Sie sich sofort weniger allein und nicht mehr so verwirrt fühlen.

Entwickeln Sie in Ihrem Tagebuch Ihr eigenes Verlobungsritual oder verwenden Sie meine Vorlage. Vollziehen Sie die Zeremonie, sobald Sie sich dazu bereit fühlen. Für das folgende, von mir entwickelte Ritual benötigen Sie neun Rosen in Ihrer Lieblingsfarbe sowie Granatapfelkerne. Die Zeremonie soll Sie an Ihr Versprechen erinnern, sich selbst zu lieben und vollständig anzunehmen. Sie geloben, sich mit Ihrer ganzen Kraft für die Verwirklichung Ihres Lebenstraums einzusetzen:

Ich bin heute hier, weil ich mir selbst die Ehe antragen will. Ich werde Rosen ins Meer werfen, um damit die Gültigkeit meines Beschlusses zu unterstreichen. Ich weiß, dass ich Fehler machen werde, doch ich will mich an diese Zeremonie erinnern als ein Symbol für mein Gelöbnis, für den Rest meines Lebens zu mir zu stehen.

Die erste Rose symbolisiert die **Liebe** *– das wichtigste Gut des Menschen, den ich heiraten will. Ich verschreibe mich dieser Liebe, indem ich den Vorsatz fasse, mich selbst zu lieben, unabhängig davon, was das Leben auch bringen mag. Das heißt, dass ich mir vertraue, mich* selbst tröste und durch die wichtigen Entscheidungen für mein Leben den Menschen ehre, der ich bin.

Die zweite Rose steht für **Verantwortlichkeit.** Das heißt, dass ich mich zu einem Menschen entwickeln will, dessen Worte sich mit seinen Taten decken, der vertrauenswürdig ist, seine bewusste Selbstwahrnehmung schult und übernommene Verpflichtungen bis zum Ende erfüllt.

Die dritte Rose repräsentiert meine **Finanzen.** Ich brauche keinen reichen Partner, aber ich wünsche mir einen, der im Wesentlichen für sich selbst sorgen kann. Er soll einen Plan haben, der es ihm gestattet, im Rahmen seiner tatsächlichen Mittel zu handeln, und mir das Gefühl geben, dass er seine finanzielle Situation unter Kontrolle hat. Ich selbst werde über mein Soll und Haben Buch führen und die Art Plan erstellen, die das von mir gewünschte Leben mit der erforderlichen realistischen Sicherheit untermauert.

Die vierte Rose verweist auf die **Fürsorge,** die ich mir selbst angedeihen lassen will. Um für einen anderen Menschen gut sorgen zu können, muss ich mich erst einmal um mich selbst kümmern. Das bedeutet, dass ich vernünftig esse, ausreichend Bewegung bekomme, meine Gesundheit regelmäßig untersuchen lasse, mit meiner Zeit sinnvoll umgehe und für ein schönes Umfeld sorge, damit ich mein höchstes energetisches Leistungsniveau erreiche.

Die fünfte Rose symbolisiert die **Fürsorge,** die ich für andere aufbringe. Bevor ich Kinder habe, will ich mir ein Haustier anschaffen, damit ich üben kann, dem Wohlergehen eines anderen Lebewesens – gleich, in welcher Situation – den Vorrang einzuräumen. In einer dauerhaften Beziehung wird es gute und schlechte Zeiten geben, und ich muss auf beides vorbereitet sein.

Die sechste Rose steht für das **Annehmen** und **Würdigen**. Ich wünsche mir einen Partner, der mich so annimmt, wie ich bin, und mich nicht verändern will. Damit ich einen solchen Menschen anziehen kann, muss ich mich zunächst selbst annehmen und würdigen. Das bedeutet, dass ich verändere, was mir nicht an mir gefällt, und akzeptiere, was ich nicht verändern kann. Es bedeutet außerdem zu erkennen, dass ich liebenswert bin und dass ich anderen Menschen mit der gleichen Akzeptanz begegnen kann.

Die siebte Rose repräsentiert die **Erschaffung eines eigenen Lebens**. Ich wünsche mir einen Partner, der bereits ein eigenständiges Leben führt, an dem ich teilhaben möchte, der eine gute Arbeit, wertvolle Freunde, klare Wertvorstellungen und eine Vision für seinen Lebensweg hat. Bis ich ihn finde, will ich Geld sparen und einen Plan entwickeln, um meine Ziele auf eigene Faust zu erreichen, statt darauf zu warten, dass ein zukünftiger Partner sie für mich realisiert.

Die achte Rose verweist auf **Förderung**. Ich wünsche mir jemanden, der an mich glaubt, meine Neigungen erkennt und meine persönliche Entwicklung fördert. Hierzu muss ich meine eigenen Träume hegen, welcher Art sie auch sein mögen. Ich darf meinen Träumen vor jenen meines Partners keinen Vorrang geben, denn ich wünsche mir eine Beziehung, die genug Raum lässt für unser beider Träume.

Die letzte Rose symbolisiert **Glaubwürdigkeit.** *Mir und anderen gegenüber glaubwürdig zu sein setzt voraus, dass ich mit mir selbst regelmäßig zu Rate gehe und mich um meine Integrität bemühe. Ich will daran arbeiten, für meine Überzeugungen einzustehen und meiner Intuition zu vertrauen, damit ich Entscheidungen treffe, die sich in Übereinstimmung mit meinem höheren Selbst befinden.*

Nun werde ich Persephones Granatapfelkerne essen. Die Tochter der griechischen Fruchtbarkeitsgöttin Demeter wurde eines Tages vom Totengott Pluto in die Unterwelt verschleppt. Nach der Intervention des Göttervaters Zeus ließ der Räuber das Mädchen zwar frei, gab ihr aber Granatapfelkerne zu essen, wodurch er sie für immer an sich band. Seitdem durfte Persephone nur drei Viertel des Jahres auf der Erde verbringen, während der Wintermonate war sie in der Unterwelt.

Zwar war diese Rückkehr schmerzhaft, doch ermöglichte sie ihr, Zugang zu ihrem Unbewussten zu erlangen, zu dem Teil ihrer Persönlichkeit, den sie sonst nicht hätte sehen oder erforschen können. Sie verstand die verborgenen Teile ihrer selbst und war fähig, bewusste Entscheidungen zu treffen. Nur so konnte sie ganz und ein Individuum sein. Auf diese Weise schloss Persephone die Ehe mit sich selbst. Persephone zu Ehren esse ich diese Kerne und sende mit ihnen meine Intention hinaus ins Universum, in dem festen Glauben, dass sie wachsen kann.

Nachdem Sie sich nun mit sich selbst verlobt und sich die Treue versprochen haben, kann die Hochzeitszeremonie folgen. Gehen Sie an den Strand oder an einen anderen Ort, der Ihnen etwas bedeutet, und erklären Sie, dass Sie zur Ehe mit sich selbst bereit sind. Schreiben Sie auf, was Sie sich für Ihr Leben erhoffen und wie Sie sich dabei unterstützen wollen, es zu erlangen. Beziehen Sie Stützen oder Gelöbnisse ein, die Ihnen wichtig sind.

Es folgt das Beispiel eines Hochzeitsrituals. Dazu benötigen Sie einen Strauß weiße Rosen und einen Ring, der Ihr Engagement für sich selbst symbolisiert:

Ich bin heute hier, um mich selbst zu heiraten. Ich werde Rosen ins Meer werfen, weil ich damit die Verpflichtung unterstreichen möchte, die ich ab sofort mir selbst gegenüber eingehe. Ich akzeptiere mich voll und ganz und stehe für den Menschen ein, der ich bin. Ich treffe Entscheidungen in Übereinstimmung mit dem Menschen, der ich bin. Ich verspreche, mich zu lieben, mich zu ehren und mich anzunehmen, in Krankheit wie in Gesundheit. Ich nehme meine Lebensvision ernst und übernehme die Verantwortung für alles, was ich erschaffe und lebe.

In meiner Vision davon, wie eine Partnerschaft sein sollte, habe ich einen Partner, der liebevoll, spirituell, humorvoll, romantisch, verantwortungsbewusst, engagiert und klug ist. Ich bin für ihn eine ebensolche Partnerin. Ich will meine Fähigkeit ehren, diese Art Partnerschaft zu schaffen.

Die Werte, die zum festen Bestandteil meines Lebens zu machen ich mir vorgenommen habe, sind Liebe, Mitgefühl, Inspiration, Frieden und Freude.
Dieser Ring symbolisiert meine Vollständigkeit und mein Engagement. Ich bin ganz und inspiriert und erschaffe vom jetzigen Augenblick an ein wunderbares Leben, das ich mit jedem teile, den ich berühre.

Im zweiten Teil dieses Buches ging es darum, dass Sie keinen passenden Partner wählen können, bevor Sie nicht sich selbst gewählt haben. Erst dann können Sie wissen, wer zu Ihnen passt. Sie haben sich angenommen, sich ein Leben erschaffen, wie Sie es sich vorstellen, und sich den Dingen verschrieben, die Ihnen für Ihr Vorankommen im Leben am wichtigsten sind. Das bedeutet, dass Sie diesen bei allem, was Sie tun, immer den Vorrang einräumen werden. Und wenn Sie sich jetzt im dritten Teil aktiv auf die Partnersuche begeben, dann werden Sie sich bereitwillig von einem großartigen, attraktiven Typen verabschieden, wenn er sich gegen das wendet, was Ihnen in Ihrem Leben am wichtigsten ist, oder wenn er es missachtet. Haben Sie sich Klarheit über Ihre Kernwerte und über Ihre Vision verschafft, verpflichten Sie sich jetzt dazu, sie nicht zu verraten oder sich selbst aus Angst zu belügen.

Nachdem dies gesagt ist, möchte ich Sie noch einmal daran erinnern, dass es keinen vollkommenen Partner gibt. Ein jeder hat seine Mängel oder Schwächen. Beurteilen Sie ehrlich und einfühlsam, mit welchen Eigenschaften Ihres Partners Sie leben können, ohne die wichtigen Vorsätze aufzugeben, zu deren Umsetzung Sie sich gerade verpflichtet haben.

DRITTER TEIL:

DIE BEWUSSTE PARTNERSUCHE

9.

Verabreden Sie sich
mit wachem Bewusstsein –
Klare Zielsetzung

Willkommen im dritten Teil des Buches! Hier werden wir uns darauf konzentrieren, in der Gegenwart bewusst Beziehungen zu erschaffen. Sie haben Ihre früheren Partnerschaften aufgearbeitet und Ihr Verhältnis zu sich selbst gestärkt. Nun werden Sie sich mit wachem Bewusstsein auf die Partnersuche begeben, damit nicht etwa Ihr innerer Kuppler im Unbewussten, alter Beziehungsballast, der Charme Ihres potenziellen Partners oder Ihre unmittelbaren starken Gefühle Sie »vom rechten Pfad« abbringen. Im dritten Teil werden Sie Ihre Prioritäten gewichten, sich Ziele setzen, an Ihrer Beziehungskompetenz feilen und einen eigenen Dating-Aktionsplan entwickeln.

Und genau an dieser Stelle kommen Ihre innere Klarheit und die Kraft Ihrer Vision ins Spiel. Sie werden mit zahlreichen wunderbaren Menschen ausgehen und dabei viel Spaß haben. Doch der Schlüssel zu Ihrem Glück ist eine genaue Kenntnis Ihrer selbst, damit Sie wissen, welcher Partner am besten zu Ihnen passt.

Ihr Partnerschaftskarma

Sie wissen ja, Sie werden bei jedem Date etwas Neues dazulernen. Manchmal erfahren Sie etwas über einen Ihnen bisher unbekannten Beruf oder über ein ausgefallenes Hobby, und manchmal genießen Sie auch einfach nur die Begegnung mit einem interessanten Menschen. Holen Sie so viel wie möglich aus der jeweiligen Begegnung für sich heraus, auch wenn Ihr Date sich nicht als Ihr idealer Beziehungskandidat entpuppt. Bewusste Partnersuche bedeutet nicht nur, dass man sorgfältig auswählt, sondern ebenso, dass man sich gut benimmt. Behandeln Sie Ihre Kavaliere so, wie auch Sie behandelt werden möchten. Seien Sie höflich, bemühen Sie sich um eine positive Ausstrahlung und geben Sie dem anderen das Gefühl, dass es sich gelohnt hat, Zeit in die Begegnung mit Ihnen zu investieren. Auf diese Weise erzeugen Sie ein gutes Partnerschaftskarma und verhelfen Ihrem Visavis zu einer besseren Basis für seine eigene Suche. Dabei muss nicht jede Anbahnung in einer dauerhaften Beziehung oder Ehe enden. Als ich seinerzeit auf

Partnersuche war, habe ich unter denen, die nicht für eine Partnerschaft in Frage kamen, immerhin ein paar gute Freunde hinzugewonnen, mit denen wir auch heute noch Kontakt pflegen. Zwei von ihnen haben wir sogar zu unserer Hochzeit eingeladen.

Auf dem Weg zu der ersehnten Partnerschaft werden Ihnen Menschen begegnen, die Ihr Leben auf unerwartete Weise bereichern. Es könnte sein, dass Sie von ihnen eine Einladung zu einer Party erhalten, durch sie neue Bekanntschaften machen, dass sie Ihnen zu einer großartigen Geschäftsidee verhelfen oder Ihr Interesse für eine Ihnen bisher nicht bekannte Musikrichtung wecken. Seien Sie offen für alle Möglichkeiten – selbst dann, wenn es sich nur um ein einmaliges Treffen handelt – und versuchen Sie, in jeder dieser Personen den wunderbaren Menschen zu sehen.

ÜBUNG:
IHRE BEWUSSTE PARTNERSUCHANZEIGE

Im ersten Kapitel haben Sie, auf der Basis der Männer, die Sie bisher angezogen haben, eine unbewusste Partnersuchanzeige formuliert. Nun, da Sie diese alten Muster aufgearbeitet haben, fällt es Ihnen leicht, die richtigen Worte für Ihre bewusste Partnersuchanzeige zu finden. Welche Eigenschaften sind Ihnen an Ihrem zukünftigen Partner am wichtigsten? Wie möchten Sie von Ihrem Gefährten behandelt werden? Welche Werte sollte der Mann Ihrer Träume haben?

Vertrauen Sie nun Ihrem Tagebuch Ihre bewusste Partnersuchanzeige an. Beschreiben Sie Ihren Wunschpartner

GESUCHT

wird ein Mann, der sich engagiert,
der seine Gefühle ausdrücken kann, der sich
von seiner Ursprungsfamilie abgenabelt hat,
der großzügig und verantwortungsbewusst ist.

Abbildung 5: Die bewusste Partnersuchanzeige

so detailliert, wie Sie möchten. Denken Sie gründlich nach und wählen Sie die Eigenschaften sorgfältig. Eine meiner Freundinnen formulierte Ihre bewusste Suchanzeige und zog einen Mann an, welcher der Beschreibung exakt entsprach. (Sie bedauerte nur, dass sie nicht auch noch hinzugefügt hatte: »Er sollte unverheiratet sein« ...)

Denken Sie daran, Ihre Suchanzeige positiv zu formulieren und möglichst auf die Worte »nicht« und »kein« zu verzichten. In unserem Beispiel suchen wir einen Mann, der sich von seiner Ursprungsfamilie abgenabelt hat, statt zu formulieren: »Bitte kein Muttersöhnchen!« Eine klare, positive Sprache verspricht die besten Resultate.

ÜBUNG:
WAS IST NICHT VERHANDELBAR?

Es kann großen Spaß machen, das Universum um bestimmte Eigenschaften des Idealpartners zu bitten, etwa um »Spaß an der Hausarbeit«. Aber man muss sich darüber im Klaren sein, welche Charakteristiken unverzichtbar und welche »Extras« sind. Sie werden einen potenziellen Kandidaten, der alle Ihre Bedingungen erfüllt, nicht deshalb ausmustern, nur weil es ihm an dem zusätzlich gewünschten Modebewusstsein fehlt. Nehmen Sie sich also ausreichend Zeit, um, sagen wir, sieben Qualitäten zu ermitteln, auf die Sie bei einem Partner keinesfalls verzichten können, und notieren Sie diese in Ihrem Tagebuch.

Die Liste darf nicht zu lang sein, sonst sind Sie zu wählerisch, und auch nicht zu kurz, sonst geraten Sie auf gut Glück in irgendeine Beziehung. Seien Sie genau bei der Beschreibung der gewählten Eigenschaften, zum Beispiel: Ich möchte, dass mein Mann freundlich ist. Freundlichkeit kann für verschiedene Menschen eine unterschiedliche Bedeutung haben. Wie konnte ich, als ich auf Partnersuche war, wissen, dass mein heutiger Ehemann freundlich war? Viele Männer sind äußerst charmant, wenn sie um eine Frau werben. Mein Mann und ich arbeiteten in derselben Klinik und verbrachten unsere Mittagspause außer Haus. Auf der Straße bat er mich um eine Münze und verwies auf die Parkuhr vor uns, die im Begriff war auszulaufen. »Aber«, sagte ich, »dein Auto steht doch auf dem Klinikparkplatz.« – »Das stimmt«, antwortete er, »aber der Besitzer dieses Wagens hier wird gleich ein Knöllchen bekommen.« Ich war überrascht, dass er sich um das Wohlergehen eines vollkommen Fremden sorgen konnte.

Es gab auch noch andere solche Hinweise, zum Beispiel drückte er im Aufzug auf »Parterre«, wenn wir im siebzehnten Stock angekommen waren, damit die Nächsten nicht lange auf den Fahrstuhl warten mussten. Genauso verhielt er sich auch mit Freunden und Verwandten. Sie verstehen, was ich meine.

Ich empfehle Ihnen, dass Sie die gewünschten Eigenschaften eines Partners genau benennen und erklären, warum sie Ihnen wichtig sind. So wird es Ihnen am ehesten gelingen, den »richtigen« zu finden und zu erkennen. Dann untersuchen Sie, wie oft frühere Partner diese Kriterien erfüllt oder nicht erfüllt haben. Nun, da Sie sich über die wichtigsten Qualitäten im Klaren sind, wird es Ihnen leichter fallen, sie an einem potenziellen Partner festzustellen, und Sie werden schneller wissen, ob er zu Ihnen passt oder nicht.

Um weiterzukommen, reicht es aber nicht aus, nur zu wissen, was Ihnen an einem Partner wichtig ist. Sie müssen sich bewusst machen, an welcher Stelle Sie beim letzten Mal von Ihrem Weg abgewichen sind und was Sie dieses Mal auf keinen Fall in einer Beziehung akzeptieren. Außerdem sollten Sie Ihre Bedürfnisse und die Opfer bedenken, die Sie eventuell bringen müssen. Auszugehen und mögliche Partner kennenzulernen macht Spaß, aber Ihre freie Zeit ist begrenzt. Die Partnersuche kostet Zeit,

Geld, Energie und verlangt Kompromisse. Was wollen Sie bereitwillig opfern, um Ihr Ziel zu erreichen? Jetzt ist der Augenblick gekommen, da Sie mit sich ehrlich sein und entscheiden müssen, ob Sie sich wirklich auf die Jagd nach Ihrem Traumpartner begeben und was Sie für das Erreichen dieses Ziels tun wollen.

Was akzeptieren Sie keinesfalls?

Jeder Mensch muss seinen Standard kennen. Denken Sie darüber nach, was für Sie in einer Beziehung inakzeptabel ist, damit Sie nicht zu viel Zeit in den falschen Kandidaten investieren. Beispiele könnten sein: jemand, der faul ist, der Sie nicht arbeiten lässt, der physisch oder psychisch übergriffig ist, der keine Kinder will, der sich nicht festlegen kann oder drogenabhängig ist, der lügt oder betrügt. Nehmen Sie sich Zeit, um über diese Faktoren nachzudenken, und machen Sie sich entsprechende Notizen in Ihrem Tagebuch. Wenn Sie genau wissen, was Sie nicht akzeptieren können, dann fällt es Ihnen leichter, diesen Fallgruben beim nächsten Mal aus dem Weg zu gehen. Sophie war vierzig Jahre alt und wünschte sich sehnlichst ein Kind. Sie verliebte sich in einen Mann, der zwar bereit war, bei ihr einzuziehen, der aber schon Kinder hatte und keine weiteren mehr mochte. Der Schritt fiel Sophie sehr schwer, aber sie beendete die Beziehung, bevor sie in der Hoffnung, seine Meinung vielleicht ändern zu können, noch tiefer hineingeriet. Bei ihm zu bleiben stand ihrem Wunsch nach eigenen Kindern im Wege.

So wunderbar eine Partnerschaft auch ist, es wird Freiheiten geben, die Sie dafür aufgeben müssen. Tanja beispielsweise führte ein großartiges Leben. Sie war unabhängig und gesellig, und es gefiel ihr, wann sie wollte, das zu tun, was sie wollte. Sie brauchte ihre Freiräume und konnte es nicht ertragen, wenn jemand ihr Vorschriften machte. Zugleich sehnte sie sich aber auch nach einer dauerhaften Beziehung und nach Kindern. Sie musste entscheiden, was sie opfern wollte, feststellen, ob sie bereit für diese Entscheidung war, und eine »Kosten-Nutzen-Analyse« für ihre Traumbeziehung aufstellen. Sonst würde sie selbst ihre eigenen Anstrengungen untergraben und/oder ihren Partner für den Verlust ihrer Freiheit verantwortlich machen.

Indem Sie sich das Pro und Kontra Ihrer Traumpartnerschaft ansehen, treffen Sie eine bewusste, verantwortungsvolle Entscheidung darüber, ob sich für Sie die Anstrengung wirklich lohnt, nach einem Lebensgefährten zu suchen. Was geben Sie für Ihren Traumpartner bereitwillig auf? Es kann sich um Gefühle, Überzeugungen, einen Lebensstil, Ängste, Materielles handeln. Nutzen Sie Ihr Tagebuch, um eine ähnliche Liste wie die nachfolgende anzulegen, und denken Sie bei jedem Punkt auf der Liste genau darüber nach, was er Ihnen bedeutet:

- meine Werturteile,
- mein Singledasein,
- meine Neugier,

- meine Rechthaberei,
- Zeit für mich,
- Raum für mich,
- mit anderen ausgehen.

Für alles, was Sie aufgeben, könnten Sie etwas sogar noch Besseres eintauschen, vorausgesetzt, die Beziehung Ihrer Träume kommt zustande.

Als Nächstes schreiben Sie all die wunderbaren Geschenke auf, die Sie in einer Partnerschaft erhalten oder geben. Konzentrieren Sie sich auf sie und darauf, sie als Ihre gegenwärtige Realität zu sehen. Die Energie, die Sie mit Ihren Gedanken und Gefühlen erzeugen, wird Ihnen diese Wirklichkeit zuführen. Treffen Sie die bewusste Entscheidung, dass Sie gern bereit sind, für die Erfüllung Ihres Wunschs den entsprechenden Preis zu bezahlen.

Die Kunst der Beziehungsführung

Damit eine Beziehung funktioniert, brauchen Sie nicht nur den richtigen Partner, Sie müssen auch über gute Fertigkeiten in der Kunst der Beziehungsführung verfügen. Wenn Sie Ihren Lebensgefährten erst einmal gefunden haben, wie wird es Ihnen beiden dann gelingen, sich in Ihrer Partnerschaft fortwährend neu zu erfinden? Indem Sie feststellen, was in Ihrer Beziehung funktioniert und was nicht, können Sie sich von heute an darin üben, immer noch bessere Fertigkeiten in der

Kunst der Beziehungsführung zu entwickeln und in alle übrigen Lebensbereiche einzubringen.

ÜBUNG:
IHRE STÄRKEN UND SCHWÄCHEN
IN DER BEZIEHUNGSFÜHRUNG

Nutzen Sie in Ihrem Tagebuch die folgenden Kategorien, um das gegenwärtige Maß Ihrer Zufriedenheit in Beziehungsangelegenheiten anhand einer Skala von 0 bis 10 zu bewerten, wobei 0 für »am unbefriedigendsten« und 10 für »am befriedigendsten« steht. Falls Sie gegenwärtig keinen Partner haben, dann schätzen Sie sich anhand früherer Partnerschaften ein. Welche Bereiche bedürfen der Verbesserung?

- Vertrauen =
- Grenzen =
- Kommunikation =
- Unterstützung =
- Freundschaft =
- Sexualität =
- Aufrichtigkeit =
- Nähe =
- Anderes =

Als Nächstes beschäftigen Sie sich mit den Bereichen, an denen Sie noch arbeiten müssen, und erstellen sich einen entsprechenden Aktionsplan, zum Beispiel:

● Aufrichtigkeit = 6 ⟶ Ich werde mich darin üben, indem ich diese Woche zweimal mit Freunden offen über ein schwieriges Thema spreche.

Befassen Sie sich mit jedem Bereich und überlegen Sie sich einen Aktionsplan, um einen jeden von ihnen noch diese Woche um einen Punkt zu verbessern; feilen Sie im Umgang mit anderen Menschen täglich an Ihren sozialen Fähigkeiten. Ihre verbesserten Fertigkeiten in der Kunst der Beziehungsführung sind die Grundlage für jede gesunde Partnerschaft, und sie werden Ihnen schließlich zu einer großartigen Beziehung mit Ihrem Partner verhelfen, sobald sich der richtige bei Ihnen zeigt.

Sie haben nun gelernt oder sich wieder daran erinnert, in sich und in anderen das Beste zu sehen, eine klare und positive Botschaft über Ihre Vorstellungen zu vermitteln und Kosten wie Nutzen Ihrer Traumpartnerschaft zu ermitteln. Sie haben sich sogar entschlossen, die Verbesserung Ihrer sozialen Fähigkeiten in die eigenen Hände zu nehmen. Mehr als jemals zuvor sind Sie nun bereit, nach Ihrem idealen Partner zu suchen!

10.

Machen Sie die Augen auf – Eine neue Beziehung richtig einschätzen

Mit Ihren wiederentdeckten Fertigkeiten im aktiven An-bahnen von Begegnungen und Beziehungen können Sie sich nun in der bewussten Partnersuche üben. In diesem Kapi-tel wollen wir uns mit konkreten Hilfsmitteln für Verabredun-gen befassen. Diese »Tools« werden Sie darin unterstützen, zu den Anforderungen zu stehen, die Sie an einen Partner stellen, nicht in Ihre alten Beziehungsfallen zu tappen und genau ein-zuschätzen, was zwischen Ihnen und Ihrem Date abgeht. Wenn Ihr potenzieller Partner Ihnen erst die für Sie erforderlichen Informationen über sich gegeben hat, werden Sie wissen, ob er

DIE TOP-10-KRITERIEN FÜR DAS ERSTE DATE

1. Haben Sie Spaß bei der Partnersuche und finden Sie das Positive.
2. Machen Sie sich immer wieder bewusst, was an Ihnen toll ist.
3. Bemühen Sie sich, aus jeder Verabredung etwas für sich mitzunehmen.
4. Seien Sie Ihren Werten und Standards treu.
5. Lassen Sie sich bereitwillig auf Überraschungen ein.
6. Verzichten Sie darauf, Ihre früheren Beziehungen zu wiederholen.
7. Diskutieren Sie nicht über das Heiraten oder Ihre Zukunftspläne.
8. Verurteilen und kritisieren Sie Ihr Date nicht.
9. Erzählen Sie keine Lügen über sich und darüber, wer Sie tatsächlich sind.
10. Machen Sie sich keine Vorwürfe, wenn Sie nicht zusammenpassen.

auch wirklich akzeptabel ist. Aber das heißt nicht, dass Sie sich sogleich auf die Suche nach dem nächsten machen. Ihre Aufgabe ist es lediglich herauszufinden, wer Ihr Vis-à-vis ist und ob Sie mit seinen Eigenschaften leben können.

Wenn Sie jetzt die nachfolgenden Übungen machen und Ihre Checklisten abarbeiten, dann denken Sie bitte daran, dass es hier um die Partnersuche und nicht um die spanische Inquisition geht. Ihre Dates sind Menschen – wunderbar und unvollkommen. Sie suchen nicht nach einem perfekten Partner, weil es den nämlich gar nicht gibt. Sie suchen einen Gefährten, der ideal zu Ihnen passt. Nutzen Sie also die angebotenen Hilfsmittel, um Ihre Gefühle und Reaktionen zu ergründen, und lassen Sie sich nicht von starken Gefühlen und Vorverurteilungen in die Irre leiten. Setzen Sie sie bewusst für Ihre Partnersuche ein.

ÜBUNG:
DIE DATING-CHECKLISTE

Wenn Sie nach Ihren Verabredungen nach Hause kommen, dann werfen Sie einen Blick auf die nachfolgenden Fragen und notieren Sie Ihre Beobachtungen in Ihrem Tagebuch. Sie werden sich wundern, wie viel Sie bereits nach dem ersten Treffen über einen Menschen wissen. Ergänzen Sie die Liste um die unverhandelbaren Bedingungen aus dem vorangegangenen Kapitel und andere wichtige Kriterien:

- Ist er freundlich zur Bedienung?
- Ist er pünktlich? Zuverlässig?
- Kann er zuhören und Interesse zeigen?
- Wie behandelt er seine Freunde?
- Was erzählt er über seine Familie?
- Pflegt er sich?
- Wie beschreibt er seine früheren Beziehungen?
- Spricht er über seine Gefühle und teilt er sie mit?
- Weiß er, was ihm wichtig ist?
- Können Sie beide miteinander lachen?
- Stimmt das, was er sagt, mit dem überein, was er tut? Ist er aufrichtig?

- Haben Sie das Gefühl, in seiner Gegenwart Sie selbst sein zu dürfen?
- Unterstützt er Sie in Ihren Bestrebungen?
- Ist er unabhängig und frei?
- Was ist ihm in einer Beziehung wichtig?

Es ist leicht, sich vom Gefühl der Verliebtheit, der Aufregung bei einer ersten Verabredung und vom Nervenkitzel einer neuen Erfahrung den Blick verstellen zu lassen. Indem Sie sich selbst mit Fragen wie in dieser Übung gleich zu Anfang auseinandersetzen, sorgen Sie für eine wichtige Klarstellung, bevor Sie sich nicht mehr bremsen können.

ÜBUNG:
CHECKLISTE ZUR BEZIEHUNGSFÄHIGKEIT

Schreiben Sie in Ihr Tagebuch, was Ihnen zu jedem der nachfolgenden Punkte im Hinblick auf Ihren neuen Beziehungskandidaten einfällt:

- Spaß,
- Rücksicht,
- Werte,
- Interessen,
- Akzeptanzniveau,
- Familie,
- Freunde,
- Respekt,
- Gemeinsamkeiten,

- Kommunikation,
- Verantwortung,
- »Chemie«,
- Romantik,
- Großzügigkeit,
- Aufrichtigkeit,
- Fürsorge für sich selbst,
- Selbstachtung,
- Engagement,
- Offenheit/Nähe,
- Impulskontrolle,
- Gesundheit,
- finanzielle Situation,
- Partnerschaftsvision,
- Spiritualität,
- weitere Eigenschaften.

Ihr »Bewerbungsgespräch« mit dem Beziehungskandidaten

Es ist sehr wichtig für Sie zu lernen, wie man einen Menschen befragt, um sich ein Bild von ihm zu machen. Stellen Sie sich vor, Sie seien der Personalchef einer großen Firma. Sie würden sicher keinen Abteilungsleiter einstellen, weil er süß aussieht und Sie zum Lachen bringt ... »Potenzieller Lebensgefährte« ist vielleicht die höchste Position, die Sie in Ihrem Leben zu vergeben haben. Sie werden darauf achten wollen, dass es eine größtmögliche Übereinstimmung zwischen der Persönlichkeit dieses Menschen und Ihren »Anforderungen« an ihn gibt. Keiner ist vollkommen, aber ein Mann kann Ihrer Idealvorstellung so nahekommen, dass eine gute Beziehung daraus wird. Beim ersten Treffen – dem »Vorstellungsgespräch«, das Sie Ihrem Kandidaten gewähren – vermitteln Sie eine Partnerbeschreibung (wie bei einer Stellenbeschreibung) in Form kleiner Gesprächseinheiten, um festzustellen, ob daraus eine gemeinsame Vision entstehen kann.

Shana zum Beispiel hatte ihre erste Verabredung mit einem attraktiven Mann, der zwei Jahre jünger war als sie selbst. Ihr Ziel war es, in den nächsten zwei Jahren einen Partner zu finden und mit ihm Kinder zu haben. Diesen Wunsch vermittelte sie ihm. Er entgegnete: »Oh, die nächsten fünf Jahre will ich daran noch nicht denken.« Shana war enttäuscht, aber sie wusste auch, dass er ihr einen Gefallen getan hatte. Für sie stand die Familie auf ihrer Prioritätenliste ganz weit oben, und so konnte sie, noch bevor erste tiefe Gefühle zu diesem Kavalier entstanden, lieber einen anderen Mann suchen, der sie in ihrem Wunsch besser unterstützen würde. Sie hatte die richtige Entscheidung getroffen, offen über ihre Pläne zu sprechen.

Viele Frauen halten mit ihren wichtigen Vorstellungen hinterm Berg, weil sie fürchten, ihrem Kavalier zu missfallen oder einem Traum das Wasser abzugraben. Doch zuletzt schlägt die Realität zu, und dann wird es weniger schön. Am ehesten finden Sie heraus, wer zu Ihnen passt, indem Sie sich so zeigen, wie Sie sind, und dann feststellen, ob er Sie so akzeptieren und unterstützen kann. Das heißt nicht, dass Sie in allem übereinstimmen müssen, doch es wird immer einzelne Punkte auf Ihrer Prioritätenliste geben, die Sie um keinen Preis aufgeben wollen. Beim ersten Kennenlernen teilen Sie mit, was Ihnen wichtig ist, und wenn Sie feststellen, dass es an Übereinstimmung in Wesentlichem mangelt, dann ziehen Sie sich vielleicht zurück und geben die Bekanntschaft auf.

Prana beispielsweise war eine Karrierefrau, die von ihrem Beruf begeistert war. Sie wusste, dass sie ihre Arbeit auch mit Kindern würde fortsetzen wollen. Sie sah ein, dass sie einen Mann brauchte, der mit einer solchen Konstellation klarkam. Viele ihrer Freunde warnten sie davor, dass erfolgreiche und ehrgeizige Frauen Männer abschrecken. Sie rieten ihr, ihren beruflichen Ehrgeiz zu verbergen. Prana jedoch entschied, sich von Anfang an klar und deutlich zu ihrer Leidenschaft zu bekennen. Sie musste feststellen, dass die meisten Männer es tatsächlich nicht mochten, wenn sie erklärte, sie würde auch als Mutter weiterarbeiten wollen. Dann fand sie einen Mann, dem ihre Leidenschaft und ihre Begabung gefielen. Er gab ihr das Gefühl, dass ihr die Welt offen stand, und unterstützte sie bereitwillig in ihrem beruflichen Vorankommen. Indem sie ihr wahres Selbst offenbarte, bekam sie schließlich das, was sie wollte und wofür sie einstand.

Sobald es Ihnen mit einem potenziellen Partner ernst wird, ist es an der Zeit herauszufinden, ob ihm die gleichen Bedingungen wichtig sind wie Ihnen. Es kommt nicht darauf an, dieselben Hobbys oder farblichen Vorlieben zu haben, doch wenn er sich eine Frau vorstellt, die mit den Kindern zu Hause bleibt, und Sie sich leidenschaftlich für Ihren Beruf engagieren, dann heißt es auf der Hut sein.

Die für Einstellungsgespräche typische Interviewform hilft Ihnen, drei entscheidende Voraussetzungen abzuklären: ob Ihr Kandidat in das Bild passt, das Sie sich von Ihrem Leben machen, ob er die sieben wichtigsten Eigenschaften hat, die für Sie in einer Partnerschaft unverzichtbar sind, und ob Sie einander so akzeptieren können, wie Sie sind. (Falls Sie sich nicht mehr auf Anhieb daran erinnern, welche sieben Eigenschaften Sie als die wichtigsten an einem Partner definiert haben, blättern Sie ein wenig zurück in Ihrem Tagebuch [»Übung: Was ist nicht verhandelbar?«]).

Es ist nicht nur wichtig, auf das zu achten, was ein Mann sagt, Sie müssen auch registrieren, wie er es sagt und ob er seinen Worten Taten folgen lässt.

TIPPS FÜR DIE ERSTEN KENNENLERNGESPRÄCHE

1. Seien Sie sich über sich selbst im Klaren.
2. Sie sollten wissen, was Sie sich vom Leben erhoffen.
3. Legen Sie sich Fragen zurecht, die sich auf die Angelegenheiten beziehen, die Ihnen am wichtigsten sind.
4. Üben Sie sich darin, über genau diese wichtigen Themen beim Kennenlernen zu sprechen.
5. Lernen Sie, die Reaktionen von Menschen richtig einzuschätzen.
6. Erkennen Sie an der Reaktion Ihres Dates auf Ihre wichtigen Aussagen, ob Sie tatsächlich zusammenpassen.
7. Finden Sie heraus, wie viel Sie gemeinsam haben.
8. Überprüfen Sie, ob Sie mit den Unterschieden leben können.
9. Falls es in einem entscheidenden Punkt Differenzen gibt, lassen Sie die Finger davon. Der Nächste bitte!
10. Sofern die Gemeinsamkeiten ausreichen, teilen Sie sich weiter mit und investieren Sie Zeit.

Zeigt er sich offen für Ihre Vorstellungen? Sind Sie beide wirklich unterschiedlicher Auffassung? Bringt er das Thema von sich aus erneut zur Sprache? Wie wichtig ist es Ihnen wirklich? Wenn Sie zum Beispiel sagen: »Ich will an der Küste leben und zwei Kinder haben«, er aber offenbart: »Ich mag Kinder nicht und stelle mir ein Leben in der Stadt vor«, dann müssen Sie entweder Ihre Wünsche neu bewerten oder Ihre Suche fortsetzen.

ÜBUNG:
THEMEN FÜR DIE ERSTEN KENNENLERNGESPRÄCHE

Für diese Übung nehmen Sie Ihr Tagebuch heraus und legen drei Spalten mit folgenden Überschriften an: »Was ich will«, »Wie ich es mitteile« und »Seine Reaktion«. In der ersten Spalte halten Sie, basierend auf Ihrer Lebensvision, Ihre Träume und wichtigsten Vorstellungen fest. In der Spalte »Wie ich es mitteile« machen Sie sich Notizen darüber, wie Sie Ihrem Date Ihre wichtigen Themen nahebringen wollen. Wenn Sie beispielsweise schon immer davon geträumt haben, im Ausland zu arbeiten, dann könnten Sie gemeinsam mit ihm einen Film aus dem Land ansehen, das Sie interessiert, und im Anschluss darüber reden. Halten Sie in der dritten Spalte seine Reaktionen fest.

Dann stellen Sie sich die Frage, ob sich daraus etwas entwickeln könnte. Hat Sie irgendetwas an seiner Reaktion gestört? Was war es? Wie könnten Sie das Thema noch weiter vertiefen? Bedenken Sie, dass jemand, der zu Ihnen passt, nicht so leicht aufgeben und nach Möglichkeiten suchen wird, seine und Ihre Vision in Einklang zu bringen. Vielleicht sind Sie ebenfalls bereit, Kompromisse zu schließen, aber nicht in den Belangen, die Ihnen am wichtigsten sind.

ÜBUNG:
UNTERSCHIEDE UND ÜBEREINSTIMMUNG

Sie finden heraus, ob Sie und Ihr Beziehungskandidat Vorstellungen vom Ablauf Ihres Lebens teilen, indem Sie nach den Unterschieden und Übereinstimmungen fragen. Es ist nicht vorstellbar, dass die Vision, die zwei Menschen von ihrem Leben haben, ein und dieselbe ist. In Abbildung 6 sind Sie als linker Kreis dargestellt, Ihr Date als rechter. Mit der Zeit werden Sie feststellen, worin Sie übereinstimmen (die Themen in dem gemeinsamen Feld, das durch die Überschneidung der beiden Kreise entsteht) und worin Sie sich unterscheiden (die Themen in den beiden individuellen Kreisen). Übertragen Sie diese Darstellung in Ihr Tagebuch, damit Unterschiede und Übereinstimmungen für Sie deutlich sichtbar werden.

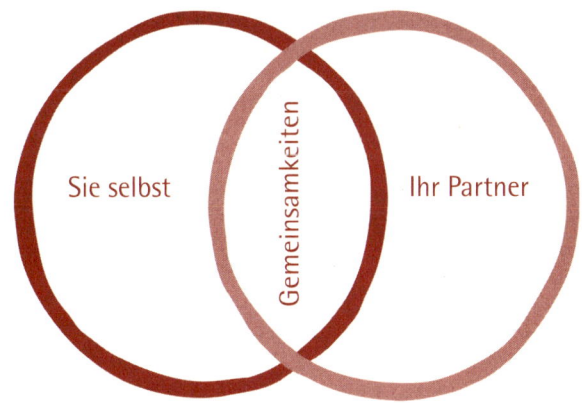

Abbildung 6: Mein Partner und ich

Stellen Sie fest, ob es Ihnen beiden gelingt, Ihre Unterschiede gut zu vermitteln, und wie wichtig sie sind. Wie Sie mit Ihren Unterschieden umgehen, kann eine Aussage über die Erfolgsaussichten Ihrer Beziehung machen, also widmen Sie diesem Bereich genug Aufmerksamkeit. Er entscheidet darüber, ob Sie eine gemeinsame Lebensvision entwickeln und Ihre Beziehung auf die nächste Stufe führen können.

Falls es Ihnen mit den Hilfsmitteln dieses Kapitels gelingt, den Gefährten Ihrer Träume zu finden, dann vergessen Sie nicht, dass Sie auch weiterhin an Ihrem persönlichen Wachstum zu arbeiten haben. Ich muss immer wieder herzlich lachen, wenn meine Klientinnen behaupten: »Alles wird leichter, sobald ich nur erst den richtigen Partner gefunden habe.« Eine Partnerschaft oder Ehe verlangt Ihnen nicht nur neue Arbeit, sondern auch Offenheit und Engagement ab.

Dem Prozess der Partnersuche schließt sich die nächste Aufgabe an: das Entwickeln von Vertrautheit und Nähe. Sorgen Sie dafür, dass Sie die Kraft der Liebe ausstrahlen, ganz gleich, wohin diese Sie oder andere führen mag. Die Liebe wird auf unerwartete Weise zu Ihnen zurückkehren.

11.

An die Arbeit! –
Einsicht in Handlung umsetzen

Reich an Wissen über sich selbst, Ihre Lebensvision, den für Sie am besten geeigneten Partner und über Hilfsmittel für die Partnerwahl, sind Sie im vorletzten Kapitel des Buches angekommen. Nun ist es an der Zeit, aktiv zu werden! Die meisten von uns fürchten sich vor diesem Teil und würden am liebsten so lange warten, bis »er« vor der Tür steht. Nehmen Sie das Heft in die Hand und verpflichten Sie sich zum Handeln!

Neue Klienten bitte ich oft, mir anhand einer Skala von 1 bis 10 zu sagen, wie wichtig es ihnen ist, einen Partner zu finden.

Die meisten entscheiden sich für die Zehn. Dann will ich von ihnen wissen, was sie im letzten Monat unternommen haben, um ihren Traum wahr werden zu lassen. Fast alle machen ein betretenes Gesicht und bewerten ihre Aktivität mit einer Zwei – meist haben sie zweimal ein Lokal aufgesucht. Mit Hilfe der Skala können Sie sofort die Diskrepanz zwischen Ihren Worten und Ihren Handlungen erkennen. Mit welchem Wert würden Sie Ihren Einsatz in der Partnersuche diesen Monat bewerten?

In diesem Kapitel wollen wir ein Dating-Resümee kreieren, damit Sie eine Liste von Vorschlägen dafür haben, wie man Menschen kennenlernen kann, und dazu in die Lage versetzt werden, auch wirklich das zu tun, wovon Sie reden. Außerdem wollen wir uns mit praktischen Gesichtspunkten bei der Partnersuche befassen, wie etwa dem Ausgehen in verschiedenen Lebensabschnitten, wie man einen Bogen um Trottel macht, wie bald man sich auf Sex einlassen soll und wie man mit den Unterschieden in Religion und Spiritualität umgeht. Den Abschluss des Kapitels bilden die Antworten auf einige häufig gestellte Fragen. Na, dann mal los!

ÜBUNG:
IHR DATING-AKTIONSPLAN

Mit Hilfe dieser Übung werden Sie entscheiden, was Sie konsequent tun wollen, um Ihren Traumpartner kennenzulernen und um mit ihm die Beziehung zu realisieren, die Sie sich vor Ihrem inneren Auge vorstellen. Sie ist ein entscheidender Bestandteil der Arbeit mit meinen Klienten, denn ein konkreter »Schlachtplan« ist der beste Katalysator für den Erfolg. Ohne eine solche Strategie fallen Sie leicht in die passive Haltung zurück, in der Sie sich damit zufriedengeben, auf den richtigen Partner nur zu warten. Es ist an der Zeit, all die Erkenntnisse, die Sie schon hatten und über sich selbst gewonnen haben, in die Praxis einzubringen!

Zunächst einmal tragen Sie in Ihr Tagebuch alles ein, was Ihnen dazu einfällt, wie und wo Sie aktiv nach einem Partner suchen können. Dann tragen Sie sich in Ihren Terminkalender ein, wann und auf welche Weise Sie handeln wollen. Hier ist eine Musterliste:

- Online-Partnersuche,
- arrangierte Treffen bzw. Blind Dates,
- Kurse (zum Beispiel in Volkshochschulen),
- Kontaktanzeigen,
- Singletreffs,
- Lokale,
- Wohltätigkeitsveranstaltungen,
- Konferenzen und Messen,
- Partys und andere.

Die moderne Partnervermittlung hat Singles ein wunderbares Hilfsmittel zur Verfügung gestellt: die Online-Suche im Internet. Nur einen Mausklick entfernt eröffnet sich Ihnen eine Welt ungebundener Menschen und möglicher Partnerschaften, Sie müssen lediglich einen Anfang machen. Falls sich die Internet-Partnersuche nicht bereits auf Ihrer Liste befindet, dann rate ich Ihnen dringend, sie hinzuzufügen. Im nächsten Kapitel werden wir uns diesem Thema ausführlicher zuwenden.

ZEHN TIPPS FÜR DIE ERSTELLUNG IHRES DATING-AKTIONSPLANS

1. Machen Sie sich klar, was Sie wirklich wollen.
2. Erstellen Sie eine umfassende Liste mit zielführenden Handlungen.
3. Wählen Sie aus Ihrer Liste jede Woche wenigstens zwei Aktionen aus, die Sie umsetzen.
4. Tragen Sie die geplanten Maßnahmen in Ihren Terminkalender ein.
5. Entscheiden Sie, ob Sie allein oder mit einer Freundin gehen.
6. Keine Ausreden – machen Sie Nägel mit Köpfen.
7. Loben Sie sich für Ihr Engagement – ganz egal, welches Ergebnis es bringt.
8. Halten Sie Ihre Erfahrungen in Ihrem Tagebuch fest.
9. Entscheiden Sie, ob es sich lohnt, eine einmal aufgesuchte Location ein zweites Mal oder öfter zu beehren.
10. Bleiben Sie dran und wählen Sie für die nächste Woche zwei neue Events aus..

Wie schafft man es zu den Wiener Symphonikern? Üben, üben, üben!

Sobald Sie Ihren Dating-Aktionsplan beisammenhaben, nehmen Sie sich vor, sich jede Woche mindestens einmal zu verabreden, und wenden Sie bei diesen Treffen alles an, was Sie bisher gelernt haben:

- Seien Sie Sie selbst.
- Halten Sie sich Ihre Lebens- und Beziehungsvision vor Augen.
- Machen Sie sich Ihre Vorzüge bewusst.
- Erinnern Sie sich an das, was Sie aus früheren Beziehungen gelernt haben.
- Denken Sie an die Bedingungen, die ein Kandidat erfüllen muss, damit Sie eine Partnerschaft mit ihm eingehen.
- Rufen Sie sich in Erinnerung, was Sie keinesfalls akzeptieren.
- Sorgen Sie bei der ersten Begegnung für einen positiven Rahmen.
- Achten Sie bei allen Schritten darauf, dass Sie sich selbst akzeptieren.

Übung macht den Meister, auch in der Partnersuche. Nehmen Sie sich Zeit für Ihre Dates. Finden Sie heraus, wer Sie sind und wie Sie sich bei der Partnersuche verhalten. Wir alle meinen, dabei gehe es darum, den vollkommenen Gefährten zu finden. Tatsächlich aber dreht sich alles nur darum, selbst zu dem Partner zu werden, den man sucht. Werfen Sie noch einmal einen Blick auf die sieben Voraussetzungen, die Sie sich bei einem Partner wünschen, und verwenden Sie Ihre ganze Sorgfalt darauf, diese Eigenschaften selbst zu entwickeln. Nutzen Sie jede Gelegenheit, um sich darin zu üben, damit Sie vorbereitet sind, wenn Mr. Right in Ihr Leben tritt.

Sieben verräterische Hinweise auf einen Trottel

Es ist gut, vorbereitet zu sein, wenn Sie an den Falschen geraten, denn früher oder später steht Ihnen bei der aktiven Partnersuche der eine oder andere Trottel ins Haus.

Nehmen Sie zum Beispiel Miriams Geschichte: Sie setzte auf die Online-Partnersuche und gab an, dass die Schauspielerei ihr Hobby sei. Also suchte sie nach Männern mit ähnlichen Interessen. Einer lud sie ein, sich nach der Arbeit mit ihm auf einen Drink zu treffen. Sie sagte zu und fuhr dann nach einem langen Arbeitstag quer durch die Stadt. Sie suchten sich einen Tisch; und kaum hatten sie sich gesetzt, da zog er eine Mappe mit Bildern seiner bisherigen Auftritte hervor und beglückte sie zwei Stunden lang mit seinen Leistungen als Laienschauspieler. Von ihr wollte er gar nichts wissen, nicht einmal, ob sie noch einen Drink wollte ...

Als er fertig war, fragte er sie: »Finden Sie, dass ich ein guter Schauspieler bin?«

Verdutzt entgegnete sie: »Nun, jedenfalls sind Sie offenbar von

der Schauspielerei begeistert, aber ich habe Sie nie auf der Bühne gesehen, wie sollte ich das also beurteilen?«

Er warf ihr einen wütenden Blick zu, stand auf und ging ohne ein weiteres Wort. Er zahlte nicht mal die Rechnung.

Damit Sie nicht so leicht auf solch einen Bananenbieger hereinfallen, sollten Sie beispielsweise auf die nachfolgenden sieben Eigenschaften von Trotteln achten:

1. *Sie interessieren sich nur für sich selbst:* Es geht ihnen ausschließlich um ihre eigenen Interessen und Ziele. Es ist ihnen schnurz, wenn Sie ins Kino gehen wollen. Sehen sie lieber ein Fußballspiel, dann müssen Sie mit ins Stadion. Derartige Egoisten gibt es in vielen Variationen.

2. *Sie halten nicht Wort:* Ein solcher Zeitgenosse verspricht Ihnen, dass er zu Ihrer Geburtstagsparty kommt, erscheint dann aber erst in letzter Minute: ein todsicheres Rezept für Liebeskummer. Falls ein derartiges Verhalten die Regel ist – nichts wie weg!

3. *Sie kümmern sich nicht um Ihre Gefühle:* Ein derartiger Knilch amüsiert sich über eine Comedy-Sendung, während Sie wegen des Unfalls Ihrer besten Freundin in Tränen aufgelöst sind. Wenn Sie Trost und Unterstützung brauchen, können Sie nicht auf diesen Hallodri zählen.

4. *Sie haben eine geringe Selbstachtung:* Trottel sind unzufrieden mit sich selbst und leben dies auf verschiedene Weise aus, aber immer so, dass Sie verletzt sind. Ein Mann mit geringer Selbstachtung würde etwa mit seinen sportlichen Leistungen angeben und Ihnen im Gespräch darüber ständig über den Mund fahren. Ihr konstruktiv gemeinter Beitrag könnte ihn veranlassen, Sie zu verletzen, weil Sie angeblich seine Selbstverachtung ausgelöst haben. Statt einen

Menschen therapieren zu wollen, der sich selbst nicht mag, sollten Sie ihn als den erkennen, der er ist, und sich schleunigst vom Acker machen.

5. *Sie behandeln andere schlecht:* Sehr viel kann man über einen Menschen erfahren, indem man beobachtet, wie er seine Freunde, Verwandten oder auch – und das ist besonders aufschlussreich – Fremde behandelt. Ein solcher Galan benimmt sich Ihnen gegenüber vielleicht äußerst ritterlich, aber sehen Sie doch, wie despektierlich er die Bedienung behandelt und wie unflätig er über seine Mutter schimpft. Sein wahres Selbst offenbart sich darin, wie er mit anderen, und nicht, wie er mit Ihnen umgeht. Also: Vorsicht!

6. *Sie hören nur, was sie hören wollen:* Solche Ignoranten lassen kein »Nein« gelten. Ein Vertreter dieser Spezies versucht womöglich, Sie zum Sex zu überreden, obwohl Sie ihm längst gesagt haben, dass Sie überhaupt nicht interessiert sind. Möglicherweise ignoriert er Sie konsequent, wenn Sie etwas von ihm wollen, etwa, dass er die Stimme senken soll, weil das Kind nebenan schläft. Er ist unfähig zu akzeptieren, dass er nicht immer recht hat und gelegentlich seine Erwartungen anpassen und Kompromisse eingehen muss.

7. *Sie lügen:* Diese Art Mensch wird alle nur erdenklichen Machenschaften in Gang bringen, sich durch Tests schummeln, erlogene Entschuldigungen vorbringen, um eine Verabredung mit Ihnen abzusagen, weil ihm inzwischen etwas Besseres über den Weg gelaufen ist. Er spielt ein doppeltes Spiel mit Ihnen. Schon möglich, dass er attraktiv und charmant ist, aber Sie können ihm nicht trauen, und Sie werden bei ihm nie wissen, woran Sie sind. Wenn Sie das Gefühl

haben, aus ihm nicht schlau zu werden, dann liegt es vermutlich daran, dass er Sie beschummelt. Wie können Sie wissen, was wahr ist, wenn er lügt?

ÜBUNG:
TROTTELALARM!

Notieren Sie Ihre Erfahrungen mit Trotteln in Ihrem Tagebuch, damit Sie ihnen in Zukunft eher aus dem Weg gehen können. Schreiben Sie Ihre Begegnung mit einem solchen Kerl auf, halten Sie die Hinweise fest, die Ihnen Aufschluss über seinen Charakter gegeben haben, und vergegenwärtigen Sie sich, wie lange Sie gebraucht haben, um den Mann als Luftnummer zu erkennen. Wussten Sie es gleich nach der ersten Verabredung? Erst nach Monaten? Oder vielleicht sogar erst nach Jahren?

Denken Sie darüber nach, wie Sie das nächste Mal gegebenenfalls schon früher zu dieser Erkenntnis kommen könnten. Und: Vergessen Sie nicht, die ganze Angelegenheit mit Humor zu betrachten! Vielleicht hat er Ihnen ja zumindest einen Drink spendiert ...

Spiritualität und Sexualität

Spiritualität

Wer einen Partner sucht, der stellt sich womöglich auch die Frage, wie offen er sich vor einem potenziellen Lebensgefährten zu seiner Spiritualität oder Religiosität bekennen sollte. Meine Antwort lautet dann meistens: »Es hängt davon ab, welche Bedeutung Ihr Glaube für Sie hat.« Ein sehr religiöser Mensch, für den die Religion im Mittelpunkt seines Lebens steht, sollte darüber gleich zu Anfang sprechen. Für ihn wäre es zu problematisch, sich emotional auf jemanden mit einer konträren Haltung einzulassen. Wenn Ihr Glaube lediglich eine nachgeordnete Rolle spielt, können Sie ihn zunächst beiseitelassen. Sie offenbaren sich nach und nach und finden dann heraus, welche Kompromisse Sie in Glaubensfragen schließen wollen, oder aber Sie finden innerhalb der Beziehung zu einem neuen, gemeinsamen Ausdruck Ihrer Spiritualität.

Typischerweise tauscht man bei den ersten Dates oberflächlichere Informationen über Hobbys, Reisen oder dergleichen aus. Mit der Zeit spricht man dann miteinander über wichtigere Themen. Es ist gut, von Anfang an aufrichtig zu sein, aber auch angemessen, sich erst nach und nach an die bedeutsameren Angelegenheiten heranzutasten, damit sich Nähe aufbauen kann. Die Tatsache, dass wir zum Schubladendenken neigen und andere gern aufgrund ihrer Religion, Nationalität, politischen Orientierung usw. einordnen, spricht dafür, sich Zeit zu lassen. Zwar sind alle diese Themen wichtig, doch macht keins von ihnen allein den Menschen vor uns aus.

Wirklich kennenlernen und kennengelernt werden kann man nur, wenn man genug Zeit investiert und ein Gesamtbild entstehen lässt.

Ich habe jedoch auch erlebt, dass es falsch sein kann, wenn man sich erst im fortgeschrittenen Stadium der Beziehung zu seinem Glauben bekennt – insbesondere eben dann, wenn es sich dabei um einen entscheidenden Faktor handelt. Eine Klientin beispielsweise kam zu mir, nachdem sie eine gute Beziehung wegen dieser Frage hatte beenden müssen, die bereits zwei Jahre bestand. Er war Jude und sie Christin. Beide hatten ihren Glauben im Hintergrund gehalten, um Komplikationen zu vermeiden. Sie stellte sich immer vor, dass sie zu einem Kompromiss und schließlich zu einer gemeinsamen Glaubenserfahrung finden würden. Er ging davon aus, dass sie vor der Hochzeit zum Judentum konvertieren würde. Als die Beziehung bis zu den Verlobungsvorbereitungen vorangeschritten war, erwies sich die Glaubensfrage als unlösbar, und sie beendeten die Beziehung. Die eigentlichen Gründe für das Aus waren jedoch das Fehlen offener Kommunikation und der daraus resultierende mangelnde Respekt vor der Bedeutung, die die Religion für beide hatte, sowie die Unfähigkeit, eine gemeinsame, für beide akzeptable Spiritualität zu entwickeln. Damit will ich nicht sagen, dass er seinen Glauben den Gegebenheiten hätte anpassen sollen. Doch wenn er sich über die Bedeutung der Frage früher im Klaren gewesen wäre und er seine Position mitgeteilt hätte, dann wäre es für beide besser gewesen.

Meiner Meinung nach ist es gut, die religiöse Frage schon zu Beginn kurz aufzuwerfen (um mögliche extreme Positionen zu erkennen) und etwas später zu vertiefen. Denn solange Sie noch mit mehreren Kandidaten gleichzeitig ausgehen, haben

Sie nichts zu verlieren, wenn Sie Ihre Zeit mit einem von ihnen verbringen, selbst falls dann nichts draus wird. Sobald Sie sich jedoch auf einen festgelegt haben, müssen Sie herausfinden, ob diese Beziehung von Dauer sein kann. Sie müssen feststellen, wie es um seine Spiritualität und seine Werte, um seine Einstellung zu Geld und Kindern steht, und auch selbst die Karten auf den Tisch legen. Dabei ist der Glaube eine gute Plattform, um davon ausgehend das Niveau gegenseitigen Respekts, der Kompromissbereitschaft und authentischer Kommunikation zu überprüfen. In der Partnerschaft werden Sie sich zahlreichen Herausforderungen stellen müssen, entscheidend ist die Frage, ob Sie einen für beide zufriedenstellenden Weg finden, es gemeinsam zu tun.

Falls Sie und Ihr Partner nicht die gleichen religiösen oder spirituellen Überzeugungen haben, heißt das nicht, dass Ihre Beziehung ohne Zukunft ist. Es liegt an Ihnen beiden herauszufinden, wie jeder am besten damit umgeht, dass der Partner sich nicht auf die eigenen Glaubensvorstellungen einlassen will, und welchen Einfluss dies auf Ihre gemeinsame Zukunft hat. Wenn Sie sich keine Kinder wünschen und lediglich nach einem Gefährten suchen, dann beeinträchtigt Sie diese fehlende Übereinstimmung vielleicht sehr wenig in Ihrem Alltag, Ihren Werten und Prioritäten. Falls Sie jedoch heiraten und gemeinsam Kinder in einem bestimmten Glauben aufziehen wollen, müssen Sie überprüfen, wie kompromissbereit Sie und Ihr Partner sind und ob diese Kompromissbereitschaft tatsächlich bis in die letzte Konsequenz hineinreicht.

Nehmen wir beispielsweise an, dass Sie Atheist sind und Ihr Partner Christ ist. Sind Sie bereit, mit Ihrem Partner und seiner Familie den Gottesdienst zu besuchen oder sich an der Gemeindearbeit zu beteiligen? Falls Sie nach einer aufrichtigen

Bestandsaufnahme feststellen, dass Ihnen all dies auf lange Sicht nicht zusagt, dann seien Sie ehrlich und beenden Sie notfalls die Beziehung. Sagen Sie Ihrem Partner, wie wunderbar Sie ihn finden und wie sehr Sie es bedauern, dass die Umstände nicht anders sind. Erklären Sie, dass Sie sich geprüft haben und sich nicht mit gutem Gefühl für eine Zukunft entscheiden können, die Ihrem wahren Selbst nicht entspricht.

»Soll ich, oder soll ich nicht?«

Ebenfalls ein wichtiges Thema ist die Frage nach dem rechten Augenblick für das erste sexuelle Beisammensein. Meine Klientin Carrie war geschieden, hatte aus dieser Ehe einen 22-jährigen Sohn und war nun mit einigen jüngeren Männern ausgegangen, die sich für sie interessierten. Sie alle priesen ihr gutes Aussehen, ihre Klasse und ihre Ausstrahlung, doch keiner von ihnen meldete sich nach der ersten Begegnung ein zweites Mal bei ihr. Sie fragte sich, ob es daran lag, dass sie beim ersten Mal noch nicht mit ihnen ins Bett gehen wollte, was ihr unangemessen erschien. Sie überlegte, ob sie mit ihrer Einstellung wohl nicht auf der Höhe der Zeit war und ob sie sich den Gegebenheiten anpassen musste. Ihre Überzeugungen stammten noch aus der Zeit ihrer konservativen katholischen Erziehung, als Themen wie »Geld« und »Sex« als etwas Schmutziges galten.

Als Erstes sagte ich Carrie, sie müsse für sich herausfinden, was der Sex ihr selbst bedeutete. Es kommt nicht darauf an, welche Einstellung ihre Eltern, ihre Religion, die Männer, mit denen sie ausgeht, ihre neugierigen Nachbarn oder ihre beste Freundin zu dem Thema haben. Um die Frage zu beantworten, musste sie all diese Einflüsse in ihrem Leben beiseitelassen und aufrichtig mit sich selbst sein.

Welche Stimmen überlagern Ihre eigene? Machen Sie sich bewusst, welche Kräfte Sie veranlassen, Ihre Entscheidungen im Hinblick auf Sex zu treffen. Nachfolgend einige weitverbreitete Einflüsse:

- *Erziehung:* Vielleicht haben Ihre Eltern Ihnen vermittelt, dass Sex etwas ist, was nur im Rahmen einer Ehe stattfinden sollte.
- *Religion:* Verschiedene Religionen oder Konfessionen lehren, dass man sich für Sex schämen muss und dass er ausschließlich der Fortpflanzung dient.
- *Partner:* In der Vergangenheit haben Kavaliere sich vielleicht bei Ihnen darüber beklagt, dass Sie sich ihnen nach einem teuren Abend verweigert haben, oder aber sie waren frustriert, weil sie auf der körperlichen Ebene mit Ihnen nicht vorankommen, obgleich sie schon eine Weile mit Ihnen ausgehen.
- *Altersgenossen:* Falls Ihre Freundinnen sich sehr promisk geben, meinen Sie vielleicht, dass Sie es auch müssten.
- *Medien:* Im Film hüpfen Männer und Frauen oft schon nach dem ersten Kennenlernen in die Kiste und vermitteln uns möglicherweise das Gefühl, mit uns sei etwas nicht in Ordnung, wenn wir andere Vorstellungen haben.
- *Geringe Selbstachtung:* Frauen machen sich häufig Sorgen, dass Männer nicht mehr mit ihnen ausgehen wollen, wenn sie sich nicht auf Sex einlassen. Andere Frauen wiederum setzen Sex als Joker ein; sie verweigern sich, wenn sie meinen, dass sie dieses Verhalten in den Augen des Mannes interessanter macht.

Diese äußeren Einflüsse können Sie auf vielerlei Weise beeinträchtigen und bei Ihnen Schuldgefühle und Selbstzweifel verursachen. Wenn es Ihnen gelingt, jene Kräfte ohne fremde Hilfe in die Schranken zu verweisen, ist das umso besser. Sollten sie sich jedoch als zu stark herausstellen, dann erklären Sie sich vielleicht bereit, in einer Therapie Unterstützung zu suchen, damit Ihre Schuldgefühle aus der Vergangenheit sich nicht Ihrer Fähigkeit, Präsenz zu zeigen, in den Weg stellen. Letztendlich geht es darum, sich selbst treu zu sein. Wenn Sie ein freies Leben führen und Ihren Überzeugungen treu sind, dann wird der richtige Partner Sie finden. Ja, falls er deshalb länger auf die erste Nacht mit Ihnen warten muss, dann könnte er sich vielleicht beschweren, doch wenn er Sie als den Menschen respektiert, der Sie sind, dann wird er ausharren und zu dem Schluss kommen, dass sich das Warten lohnt.

Und wenn Sie sich schon bei der ersten Begegnung auf Sex einlassen, dann wird er Sie deshalb nicht verurteilen, sondern versuchen, auch Ihre anderen Eigenschaften kennenzulernen. Entscheiden Sie darüber auf der Basis Ihrer Selbstreflexion und reden Sie darüber mit Ihrem Partner. Aber nicht erst dann, wenn Sie sich bereits in der Horizontale befinden! Ziehen Sie Ihre Aufmerksamkeit ab von Ihrem Kavalier und der äußeren Welt und treffen Sie Ihre Entscheidung so, dass sie sich für Sie richtig anfühlt. Denken Sie auch daran, dass sich Ihre Einstellung zur Sexualität mit zunehmendem inneren Wachstum und wachsender Erfahrung verändern kann.

ÜBUNG:
EINSTIMMUNG AUF SICH SELBST

Schreiben Sie in Ihr Tagebuch, was Sex für Sie bedeutet.
Ignorieren Sie die Einflüsse, die Ihnen Fernsehen, Zeitschriften, Ihre Freunde und Ihre Erziehung aufdrängen.
Wie wichtig ist Sex für Sie heute? Was müssten Sie über
einen Mann wissen, bevor Sie mit ihm schlafen? Wie lange brauchen Sie für gewöhnlich, bis Sie die ersten Intimi-
täten gestatten? Was würden Sie Ihrem Partner im Hinblick auf Ihre sexuellen Bedürfnisse sagen? Schreiben Sie
darüber in Ihrem Tagebuch, damit Sie Klarheit haben, bevor die Situation eintritt.

ÜBUNG:
WIE MAN WEISS, WANN ES AN DER ZEIT IST

Für jeden Menschen bedeutet Sex etwas anderes. Manche Frauen haben Sex, weil es Spaß macht, und verspü-
ren dabei keinerlei Bindungsgefühle. Andere wollen sicher sein, dass »er« am nächsten Tag zurückruft. Für
wieder andere ist eine feste Beziehung Voraussetzung.
Und manche Frauen sparen sich sogar bis zur Ehe auf. Es
gibt keine allgemeingültige Antwort auf die Frage, wann
man das erste Mal mit einem neuen Partner ins Bett gehen sollte, aber guter Sex setzt voraus, dass Sie sich selbst
kennen.
Vielleicht hilft es Ihnen, wenn Sie sich bestimmte Situationen vorstellen und wie Sie auf sie reagieren würden. Ob
Sie nun auf dem Weg zu Ihrer ersten Verabredung sind

oder sich schon seit geraumer Zeit mit ein und demselben Mann treffen, machen Sie sich Gedanken über folgende Fragen:

- Wie würden Sie sich fühlen, wenn Sie mit ihm ins Bett gingen, Sie eine wunderschöne Erfahrung machten und er sich dann nie wieder bei Ihnen meldete?
- Was wäre, wenn er Sie anriefe und weiterhin mit Ihnen schlafen wollte, aber eben auch mit anderen?
- Wie würde es sich für Sie anfühlen, wenn Sie keinen Sex hätten und die Beziehung zunächst auf einer platonischen Ebene fortsetzten?
- Wie wäre es für Sie, wenn Sie sich beide auf den jeweils anderen beschränkten, er jedoch nicht würde heiraten wollen?

Überlegen Sie sich noch andere Fragen, die Sie sich stellen könnten, um Klarheit zu erlangen. Spielen Sie im Geiste verschiedene Szenarien durch, damit Sie Ihre Gefühle besser durchschauen. Seien Sie von Anfang an ehrlich mit sich selbst und im Hinblick darauf, was Ihnen Sex in praktischer, emotionaler und spiritueller Hinsicht bedeutet. Übernehmen Sie die Verantwortung für Ihre Sexualität.

Und dann greifen Sie im Bedarfsfall auf Ihre Standardantworten zurück. Sprechen Sie mit Ihrem Partner, um sich Klarheit über Ihre jeweiligen Erwartungen zu verschaffen. Urteilen Sie ihn nicht ab, wenn er eine andere Meinung hat als Sie. Das ist sein gutes Recht. Entscheiden Sie sich lediglich, bei Ihrer Einstellung zu bleiben. Halten Sie nicht mit Ihren Erwartungen hinterm Berg, um dann Ihrem

Partner vorzuwerfen, dass er andere Prioritäten hat. Auch wenn Sex für Sie einem Heiratsversprechen gleichkommt, könnte er für ihn lediglich die »Erweiterung des Kennenlernens« bedeuten. Wenn Sie nicht mit ihm darüber reden, dann führen Sie auch nicht bewusst die Umsetzung Ihrer Vorstellungen herbei.

Falls Sie sich entschließen, während der Anfangsphase auf Sex zu verzichten, dann ist es wichtig, dass Sie Ihrem neuen Partner auf andere Art und Weise zeigen, was er Ihnen bedeutet. Sie können ihm Ihre Zuneigung verbal oder durch Umarmen, Handhalten oder Küsse vermitteln. Sie können ihn zu sich zum Abendessen einladen oder ihm eine Karte schreiben. Jeder Mensch wünscht sich Zustimmung, also lassen Sie ihn wissen, dass Ihr Vorgehen etwas mit Ihnen selbst und nicht mit ihm zu tun hat. Erinnern Sie ihn daran, wie wichtig er Ihnen ist, und sagen Sie ihm, wie sehr Sie ihn schätzen. Fragen Sie ihn, was ihm wichtig ist, und hören Sie ihm dann zu. Würdigen Sie ihn als den Menschen, der er ist, und unterstützen Sie ihn in seinen Bestrebungen. Dieses Verhalten ist ebenso wertvoll wie Sex. Eine klare Mitteilung darüber, warum Sie die Intimität noch aufschieben möchten, vermeidet unbeabsichtigte Verletzungen auf beiden Seiten.

Markante Lebensabschnitte

Menschen, die die Bühne der Datingszene betreten, befinden sich in allen nur vorstellbaren Entwicklungsphasen und Umständen. Und jeder versucht, den für ihn richtigen Partner zu finden. Lassen Sie uns ansehen, um welche Lebensabschnitte es sich handeln könnte.

Partnersuche nach einer Scheidung

Die Partnersuche nach einer Scheidung kann schwierig sein, weil man sich dazu »neu ins Getümmel werfen« muss. Sie haben an die Liebe und an ihre Versprechungen geglaubt und wurden schwer enttäuscht. Vielleicht haben Sie sogar einen Ehemann gehabt, der fremdgegangen ist und in Ihnen schließlich die Überzeugung geweckt hat, dass man Männern grundsätzlich nicht vertrauen kann. Sie waren möglicherweise lange Jahre sicher gewesen, dass die Partnersuche für Sie ein für alle Mal abgeschlossen wäre. Und dann das. Wie können Sie in dieser Situation von vorn anfangen?

Ich weiß, dass dies nicht einfach ist. Im ersten Teil des Buches haben Sie Ihr Gepäck aus früheren Zeiten und Ihre einschränkenden Überzeugungen abgeladen. Sie haben genau untersucht, was Sie aus der Vergangenheit lernen konnten und was Sie für die Zukunft schaffen wollen. Falls Sie sich dennoch von bitteren Gefühlen, Angst und Mutlosigkeit beherrscht fühlen, kann Ihnen ein Therapeut helfen. Es ist wichtig, dass Sie Ihren Gefühlen auf den Grund gehen und alle Verletzungen aus der Vergangenheit aufarbeiten, bevor Sie sich daranmachen, eine neue, auf Dauer angelegte Beziehung zu entwickeln. Denken Sie an das Gesetz der Anziehung: Was Sie ausstrahlen, ziehen Sie an. Sie müssen also zunächst eine eigene positive Einstellung fördern, bevor Sie sich erneut auf die Partnersuche begeben. Entwickeln Sie ein klares Bild dessen, was Sie sich von einer Beziehung versprechen, was Sie zu bieten haben und von einem Partner erwarten. Entwickeln Sie eine starke Vision Ihrer Zukunft und stellen Sie sich jeden Tag vor, welche Art Partner Sie anziehen wollen und warum Sie ihn verdienen.

Partnersuche im mittleren Lebensabschnitt

Als »Solist« im mittleren Alter beschleicht Sie vielleicht das Gefühl, der Zug sei abgefahren, und Sie haben keine Vorstellung, wie Sie jetzt noch eine Partnerschaft zuwege bringen sollen. Doch keine Bange: Damit stehen Sie nicht allein da! Sie sind vielleicht nur ein wenig »eingerostet«.

Ich hatte einst eine Klientin, die sich mit E-Mails nicht auskannte und nicht wusste, wie man nach örtlichen Single-Events »googelt«. Sie war keine »Kneipengeherin« und zog Konzerte und Bildungseinrichtungen vor, um Leute kennenzulernen. Wir entwickelten einen Aktionsplan, der ihren Bedürfnissen entsprach, und mit der Zeit war sie mit ihren Bemühungen erfolgreicher. Auch für Sie gibt es ganz sicher einen maßgeschneiderten Handlungsplan, der Sie auch zum gewünschten Erfolg führt.

Fassen Sie Mut. Die Statistik besagt, dass die Zahl der Alleinstehenden im mittleren Alter immer weiter zunimmt und dass sich die meisten von ihnen keineswegs mit ihrem Singledasein abfinden oder für alle Zeiten auf Sex verzichten wollen. Anders als die meisten glauben wollen, haben ältere Beziehungswillige gute Aussichten, einen Partner zu finden. Es ist nie zu spät, noch einmal von vorn zu beginnen; und Sie können Ihre Suche jederzeit nach Ihren Vorstellungen und in Ihrem eigenen zeitlichen Rahmen gestalten.

TOP 8 DER GRÜNDE, WARUM
EIN MIDLIFE-DATING NUR GUT SEIN KANN

1. Sie kennen sich selbst und wissen, was Sie wollen.
2. Sie sind fähig, den Augenblick zu genießen.
3. Es ist Ihnen weitgehend schnuppe, was andere von Ihnen denken.
4. Sie müssen sich keine Sorgen mehr machen, dass Sie schwanger werden können.
5. Sie verfügen über mehr Freizeit und mehr Geld.
6. Ihre Selbstachtung hat ein gesundes Maß erreicht.
7. Sie wissen, wo Ihre Prioritäten liegen.
8. Sie wollten schon immer mal einen jüngeren Lover haben ...

Heutzutage leben wir ein sehr langes, erfülltes Leben. Warum sollten wir es allein verbringen? Das Internet bietet beispielsweise den über Fünfzigjährigen eigene Plattformen für die Partnersuche, und überall gibt es Kurse, Aktivitäten und Gruppen, durch die Sie Gleichgesinnte in Ihrer Altersgruppe kennenlernen können. Zum Beispiel haben viele Universitäten ihre Tore längst schon für Ruheständler geöffnet – sowohl im Bereich des Lernens wie auch des Lehrens. Hier können entsprechend interessierte und qualifizierte ältere Menschen ihre Lebens- und Berufserfahrungen einbringen. Lassen Sie andere an Ihrem Wissen teilhaben und lernen Sie dabei interessante Menschen kennen. Finden Sie heraus, ob eine Universität, Hochschule, Volkshochschule oder andere Einrichtung in Ihrer Nähe für Ihre Bedürfnisse geeignete Programme im Angebot hat.

Ignorieren Sie Ihr Bedürfnis nach Gesellschaft und Zuneigung nicht. Sie haben es verdient, sich auch in diesem Lebensabschnitt auf Ihre Wünsche zu konzentrieren und ein bisschen Spaß zu bekommen. Sollten Sie also einen alleinstehenden Freund haben, mit dem Sie Konzerte besuchen und ausgehen können, dann nichts wie los! Falls Sie Hilfe für den Einstieg brauchen, suchen Sie sich gegebenenfalls einen Beziehungs-Coach. Geben Sie sich und die Liebe nicht auf. Das Beste kommt erst noch!

Partnersuche als Alleinerziehende

Das Dating als alleinstehende Mutter kann sich schwierig gestalten, weil Sie mit Beruf und Erziehung vermutlich bereits voll ausgelastet sind. Singlemütter machen sich oft Sorgen, dass eine neue Beziehung ein Babysitterproblem mit sich bringen könnte. Außerdem ängstigt sie die Vorstellung, ihre Kinder würden den neuen Partner, der vielleicht nicht bleibt, zu lieb gewinnen. All diese Bedenken müssen ausgesprochen und bearbeitet werden, aber sie sind kein Grund, um auf Liebe und Zweisamkeit zu verzichten! Einen vertrauenswürdigen und bezahlbaren Babysitter zu finden ist ein rein organisatorisches Problem, das sich lösen lässt.

Alleinerziehende Mütter fragen mich oft, wann sie ihrem Date mitteilen sollen, dass sie Kinder haben. Es ist vernünftig, dies schon in einem frühen Stadium der Beziehung zu tun (etwa zwischen der ersten und der dritten Verabredung), denn dass Sie ein Kind haben, ist eine wichtige und unveränderliche Tatsache. Der richtige Partner wird Ihren Einsatz als Mutter zu schätzen wissen und offen für die Rolle sein, die er eventuell in Ihrer Familie spielen kann.

Häufig gestellte Fragen

Nachfolgend sind beispielhaft einige Fragen aufgelistet, die meine beziehungssuchenden Klientinnen mir immer wieder stellen und die auch für Sie von Interesse sein könnten.

Wer sollte bei der ersten und bei den nachfolgenden Verabredungen bezahlen?
Diese Frage muss jeder für sich beantworten. In der Regel geht man davon aus, dass der Mann, wenn er sich mit Ihnen verabreden will, auch die Rechnung bezahlt. Im Prinzip teile ich diese Auffassung, doch hängt alles von der Situation der betroffenen beiden Personen ab, von ihrer finanziellen Lage, ihrer Einstellung zu Gleichberechtigung, Ritterlichkeit und so fort. Am besten, man weiß schon vorher, wie der andere in dieser Hinsicht gestrickt ist. Ein Mann mit niedrigem bis mittlerem Einkommen verfügt vielleicht nur über verhältnismäßig beschränkte Mittel und wird Sie daher nicht in Sternerestaurants ausführen oder exklusive Reisen mit Ihnen unternehmen, es sei denn, Sie teilen sich vielleicht die Rechnung. Sie müssen entscheiden, ob Sie mit seiner finanziellen Situation klarkommen. Auch ohne sich für Sie zu ruinieren, kann er Sie wissen lassen, wie sehr ihm an Ihnen liegt.
Falls Sie feste Vorstellungen von der finanziellen Situation eines zukünftigen Partners haben, dann finden Sie heraus, warum. Viele meiner Klientinnen sagen mir schon im ersten Gespräch, wie viel ihr Traummann verdienen müsse, damit er für sie in Frage komme. Wenn ich nachhake, dann erklären sie mir, dass sie die Sicherheit eines hohen Verdienstes brauchen oder seinen Erfolg an seinem Einkommen messen. Stellen Sie

fest, wo Ihre finanziellen Vorstellungen ihren Ursprung haben. Haben Sie sie von anderen übernommen oder spiegeln sie Ihre bewusste Vorstellung von Werten und Lebensstil wider? Sonst könnte es Ihnen passieren, dass Sie auf einen äußerst liebenswerten Gefährten zugunsten einer vollen Brieftasche verzichten. Die Antwort auf diese Fragen müssen Sie gefunden haben, bevor Sie mit der Partnersuche beginnen.

Das Thema ist für manche Frauen heute besonders verwirrend, weil viele selbst beruflich erfolgreich sind und keinen Mann mehr brauchen, um versorgt zu sein. Was immer Sie wählen, tun Sie es aus einer inneren Klarheit heraus. Manch eine Ehe ist darüber zerbrochen, dass eine Frau einen Mann mit geringem Einkommen heiratet und hofft, dass er finanziell aufsteigt. Wenn ihm die Karriere nicht gelingt, dann lässt sie beide dafür bluten. Kein Geld der Welt ist solches Unglück wert.

Woran kann ich erkennen, ob es mein Date ernst mit mir meint?

Es gibt unmissverständliche Hinweise darauf, dass eine Beziehung sich gut entwickelt. Ihr Kavalier wird sich regelmäßig bei Ihnen melden und sich mit Ihnen verabreden wollen. Sie stellen plötzlich einen entscheidenden Faktor in seinem Leben dar, und der beste Beweis hierfür ist sein Streben, Sie in seine Familie und in seinen Freundeskreis zu integrieren und bei wichtigen Anlässen dabeizuhaben. Möglicherweise spricht er mit Ihnen auch über die Zukunft, macht Anspielungen auf ein Leben zu zweit oder Ähnliches.

Selbstverständlich gibt es auch deutliche Hinweise darauf, dass ein Mann es nicht ernst meint:

- Er ruft nicht an, obwohl er es versprochen hat.
- Er taucht in Ihrem Leben auf, wie und wann er will.
- Er weigert sich, übers Heiraten, die Zukunft oder irgendeine Form fester Bindung mit Ihnen zu sprechen.
- Er hat bereits früher Beziehungen grundlos abgebrochen und Angst, sich auf irgendetwas festzulegen.
- Sie gehen seit drei Jahren oder länger miteinander aus, und es gibt keine Anzeichen dafür, dass sich zwischen Ihnen eine größere Nähe entwickelt oder dass einschneidende Veränderungen ins Haus stehen.
- Er trifft sich auch noch mit anderen Frauen, obwohl Sie sich bereits vor einem Jahr kennengelernt haben.
- Nachdem Sie sich schon über ein Jahr kennen, macht er noch immer keine Anstalten, Sie seiner Familie und seinen Freunden vorzustellen, und will Sie auch nicht bei wichtigen Ereignissen dabeihaben.

Was ist der Unterschied zwischen einer richtigen Beziehung und einer losen Freundschaft?

Für mich ist eine »richtige« Partnerschaft eine Beziehung, die auf Dauer angelegt ist oder auf eine Ehe hinausläuft. Ich habe die Erfahrung gemacht, dass sich aus platonischen Freundschaften oder Liebschaften nur selten dauerhafte Partnerschaften entwickeln.

Gelegentlich wird mir die Frage gestellt: »Ein guter Freund übernachtet öfter bei mir. Heißt das, dass wir ein Paar sind?« Im angloamerikanischen Raum müsste die Antwort lauten: »Nur dann, wenn er dich auch zum Essen ausführt.« In Europa ist man allgemein weniger traditionell eingestellt und auch nicht so prüde. Sex ist keinesfalls ein Indikator dafür, dass die Beziehung auf Dauer angelegt ist. Mit anderen Worten, es gibt keine festen Regeln. Entscheidend ist das, was jeder für sich in seinem Herzen spürt.

Sie kommen nicht darum herum, mit Ihrem Auserwählten darüber zu sprechen, was Ihnen Ihre Beziehung bedeutet und was Sie sich von ihr erhoffen. Schlussfolgern Sie niemals auf eigene Faust drauflos. Maßgeblich sind die Erwartungen, die Sie beide haben, Ihre Intentionen, Ihr Bedürfnis nach Ausschließlichkeit, Engagement und Ihre langfristigen Ziele.

Kann es unterschiedliche Gründe für die Partnersuche geben?
Auf jeden Fall. Die Leute suchen aus den verschiedensten Gründen nach einem Partner. Wer jung und noch nicht auf eine dauerhafte Bindung aus ist, verabredet sich um der Aufregung willen, um Spaß oder Sex zu haben, aus romantischen Gründen, um Erfahrungen zu sammeln, etwas über das andere Geschlecht oder über sich selbst zu lernen. All diese Motive sind durchaus legitim. Manche Menschen begeben sich auf die Partnersuche, weil sie sich eine dauerhafte, bedeutsame Beziehung und Partnerschaft wünschen, anderen geht es ausdrücklich darum, zu heiraten und eine Familie zu gründen.

Schwierigkeiten entstehen dann, wenn wir annehmen, dass unser Date die gleiche Intention hat wie wir selbst! In manchen Partnervermittlungen im Internet kann man anklicken, mit welcher Zielrichtung man einen Gefährten sucht, zum Beispiel »um Spaß zu haben«, »sich dauerhaft zu binden« oder »mit ernsten Heiratsabsichten«. Falls die Intention Ihres Kandidaten nicht augenfällig ist, sollten Sie bereits in einem frühen Stadium der Beziehung miteinander darüber sprechen. Es kommt durchaus vor, dass sich ein Mann, der eigentlich noch gar nichts Festes im Sinn hatte, verliebt und dann doch auf Dauer binden will; aber erwarten dürfen Sie eine solche Entwicklung nicht.

Begeben Sie sich also mit offenen Augen aufs Parkett und entscheiden Sie bewusst, in welche Verbindung Sie investieren
wollen. Da Gleiches Gleiches anzieht, finden wir uns in der
Regel in Beziehungen mit Partnern wieder, deren Bereitschaft
zur festen Bindung unserer eigenen entspricht.

*Wann ist der richtige Zeitpunkt, um sich auf einen Mann zu
beschränken?*

Wie ich immer wieder feststelle, sehnen sich die meisten Menschen so sehr nach einer festen Partnerschaft, dass sie einem
netten, attraktiven Kandidaten oft schon bei der zweiten Verabredung Exklusivität zugestehen. Zum Teil hat diese Vorge-
hensweise ihren Ursprung im Geschlechtsleben, denn Ausschließlichkeit ist für die meisten die Voraussetzung für den
sexuellen Kontakt. Eine weitere Ursache ist der dringen-
de Wunsch, sofort einen Partner zu ergattern und den Traum
ohne jegliche weitere Verzögerung wahr werden zu lassen!
Ich hatte einmal eine Klientin, die stürmte mit folgenden Worten in meine Praxis: »Ich möchte mich ein paar Mal mit einem
Mann treffen, mich dann auf ihn festlegen und in sechs Monaten mit ihm verheiratet sein.« Solche Fälle kommen tatsächlich vor! Dennoch wollte ich wissen: »Können Sie denn in so
kurzer Zeit herausfinden, an wen Sie sich da möglicherweise
für ein Leben lang binden?« – »Nein«, erhielt ich zur Antwort,
»aber wenigstens bin ich dann endlich verheiratet.« Anschlie-
ßend erklärte sie noch, dass sowieso fünfzig Prozent aller Ehen
geschieden werden und dreißig Prozent aller Verheirateten in
ihrer Ehe unglücklich sind. Tja, und dann fragen wir uns noch,
woran das wohl liegen könnte ...! Zunächst einmal müssen wir
wissen, warum wir überhaupt heiraten wollen. Geht es uns um
die Person oder nur um die Statusveränderung? Ich arbeitete

mit dieser Klientin an der Entwicklung ihrer Selbstachtung, damit sie in die Lage versetzt würde, angemessene Kandidaten für ihr Leben anziehen zu können.

Wenn Sie sich selbst als den Preis ausschreiben, dann gewähren Sie keine Ausschließlichkeit, bevor Sie die Person wirklich kennen, an die Sie sich binden wollen. Verzweiflung ist ein schlechter Ratgeber und führt nicht zu einer guten Partnerschaft. Exklusivität schließt andere Möglichkeiten aus. Machen Sie sich bewusst, wonach Sie in einem Partner suchen, und achten Sie genau darauf, mit welchem Ihrer Kandidaten Sie sich auf einem gemeinsamen Fundament befinden. Das herauszufinden kann schon einmal vier Monate fleißigen Einsatz bedeuten. Wenn Sie sich dann für einen entscheiden, ist es Ihre Aufgabe, ihm die richtigen Fragen zu stellen, um zu ermitteln, ob Sie ihn heiraten wollen. Falls Sie feststellen, dass irgendetwas Wesentliches nicht passt und auch nicht erarbeitet werden kann, dann müssen Sie die Beziehung beenden und wieder andere Dates in Angriff nehmen. Lassen Sie sich nicht auf Dauer auf jemanden ein, nur weil es bequemer ist – sonst verschwenden Sie wertvolle Zeit.

Ich bin nun schon geraume Zeit auf Partnersuche und habe noch immer nicht den Richtigen gefunden. Soll ich zu meinem Ex zurückkehren?

Manchmal müssen wir eine ganze Anzahl negativer Erfahrungen durchlaufen, damit wir herausfinden können, was wir wirklich wollen. Erinnern Sie sich daran, warum Sie die Beziehung zu Ihrem Verflossenen abgebrochen haben. War er beispielsweise ein Kontrollfreak? Vielleicht sind Sie damals ja zu dem Schluss gekommen, dass Sie sich eigentlich jemanden wünschen, der Ihnen vertraut und Sie so nimmt, wie Sie sind.

Machen Sie sich bewusst, wonach Sie suchen, damit Sie nicht immer wieder in die gleichen Beziehungsfallen tappen. Viele Menschen wenden sich einem früheren Partner erneut zu und fragen sich, ob es ein Fehler war, sich von ihm getrennt zu haben, insbesondere dann, wenn sie in der Zwischenzeit keine Alternative gefunden haben. Doch meistens hatten Sie seinerzeit gute Gründe, die Beziehung abzubrechen. Und viele, die zu einem früheren Partner zurückkehren, finden sich denn auch genau an dem Punkt wieder, an dem die »Zweierkiste« beim letzten Mal in die Binsen gegangen ist.

Sandy, eine meiner Klientinnen, war vierzig und wünschte sich ein Kind. Schon im College war sie in Patrick verliebt gewesen, doch weil er sie nie so behandelte, wie sie sich das vorgestellt hatte, war die Beziehung ein ständiges Hin und Her. Dann folgte eine lange Phase, in der sie über eine größere Entfernung einfach nur befreundet waren. Nach seiner Scheidung fühlte er sich einsam. Sie erzählte ihm von ihrer Sehnsucht nach einem Kind, und er schlug vor, es noch einmal miteinander zu probieren. Sie besuchte ihn in der Hoffnung, schwanger zu werden. Doch schon bei ihrer Ankunft fingen sie an, sich zu streiten und sich gegenseitig auf die Nerven zu fallen. Am zweiten Tag hatte sie genug und wollte einfach nur wieder nach Hause fliegen. Sie konnte ihn nicht ertragen, auch wenn sie sich noch so sehr ein Kind wünschte.

Manchmal trennen sich Paare nicht etwa deshalb, weil die Partnerschaft nicht klappt, sondern zum Beispiel weil sie noch zu jung sind – oder aufgrund äußerer Umstände. So kommt es etwa vor, dass zwei sich in der Schulzeit finden, dann andere Partner heiraten, sich scheiden lassen und danach erneut zusammenkommen. Ein weiterer wichtiger Faktor ist das emotionale Timing. Andrea zum Beispiel war zwei Jahre lang mit ihrem Freund zusammen und zog dann bei ihm ein, denn sie hatten verabredet, sich zu verloben. Als es dann so weit war, bekam Tim es mit der Angst zu tun. Er wollte sich nicht auf einen Termin für die Verlobung festlegen. Andrea erklärte ihm, dass sie heiraten wolle und dass sie ihn, wenn er sich dazu nicht entschließen könne, verlassen würde. Einen Monat später machte Tim ihr einen Antrag, weil er nicht ohne sie leben wollte. Wenn sich zwei Menschen auf der Basis von Klarheit und Liebe zusammentun statt aus Angst, dann klappt die Beziehung in der Regel besser.

Folgenden Rat möchte ich Ihnen geben, falls Sie mit dem Gedanken spielen, zu Ihrem Ex zurückzukehren:

- Gehen Sie nicht davon aus, dass der andere sich geändert hat.
- Überprüfen Sie, ob Sie sich an das Gute in der Beziehung nur verklärt und aus Sentimentalität erinnern.
- Führen Sie sich die Gründe für Ihre damalige Trennung noch einmal in aller Deutlichkeit vor Augen.
- Seien Sie realistisch in Ihrer Vorstellung davon, auf welche Weise die Beziehung dieses Mal anders laufen könnte.
- Handeln Sie auf der Basis von Liebe und Klarheit, nicht von Angst und Einsamkeit.
- Fragen Sie sich, ob es aus dem ersten Mal eine Lektion zu lernen gab. Haben Sie sie gelernt?

Ich habe einen interessanten, aber sehr anstrengenden Job. In der Regel bin ich abends völlig erledigt. Wie soll ich da noch jemanden kennenlernen?

Es ist nicht immer einfach, alles, was uns im Leben wichtig ist, ins Gleichgewicht zu bringen. Doch wir müssen es wenigstens versuchen. Bei Ihnen läuft es mit der Arbeit bereits sehr gut, doch nun sehnen Sie sich nach einem Gefährten, und Sie müssen Ihren Wünschen Taten folgen lassen. Stellen Sie fest, was Sie an Ihrem Arbeitsplatz delegieren können, und setzen Sie sich zeitliche Grenzen, an die Sie sich halten. Dann finden Sie die Lücken in Ihrem Wochenplan, in denen Sie ausgehen und andere Menschen treffen können. Es ist äußerst wichtig, tatsächlich einen Einsatz zu leisten, auch wenn Sie am Anfang der Partnersuche nur einen Tag am Wochenende zuordnen können. Beginnen Sie mit kleinen Schritten und vergrößern Sie Ihren Einsatz, sobald sich neue Möglichkeiten auftun.

Ich interessiere mich für einen bestimmten Mann. Ist es in Ordnung, als Frau den ersten Schritt zu tun?
Das ist wieder eines dieser ungeschriebenen Gesetze der Partnersuche, die ich am liebsten abschaffen würde. Bei bestimmten Gelegenheiten ist es für eine Frau in Ordnung, den ersten Schritt zu tun. Sie können Kontakt aufnehmen mit jemandem, der über das Internet oder in einer Zeitung nach einem Partner sucht. Es ist außerdem unbedenklich, jemanden im Café oder im Supermarkt anzusprechen – schließlich sind Sie ja nur freundlich.
Doch haben Sie es bestimmt nicht nötig, sich auf Männerjagd zu begeben. Sie sind eine großartige Partie, und der richtige Partner wird das spüren. Vergessen Sie nicht, Sie selbst sind der Schöpfer Ihres Glücks. Lassen Sie sich von niemandem etwas anderes weismachen. Wenn Sie den ersten Schritt tun wollen, nur zu. Gehen Sie für die Liebe ein Risiko ein.

12.

Beziehungssuche im Internet – »Sie haben Post!«

Falls Sie mit moderner Partnersuche nicht vertraut sind, dann wird Ihnen dieses Kapitel einen knappen Überblick über die Möglichkeiten des Internets verschaffen. Das Web macht es uns leicht, jemanden kennenzulernen, ohne auch nur das Haus zu verlassen. Folglich sind die Zuwächse beeindruckend, die Online-Partnervermittlungen verzeichnen. Das ist kein Wunder, denn das World Wide Web bietet auch noch weitere Vorteile. Es eröffnet Ihnen den problemlosen Zugang zu geographisch weit entfernten Regionen, Sie können es 24 Stunden am Tag nutzen, und es kostet weniger als der regelmäßige Besuch irgendwelcher Single-Events. Sie können sich nach Ihren eigenen Vorstellungen richten, über E-Mail oder Telefon kommunizieren und sich dann verabreden, wann es Ihnen opportun erscheint. Sie brauchen lediglich einen Computer.

Falls Sie keine oder nicht besonders viel Erfahrung im Umgang mit einem Rechner haben, dann lassen Sie es nicht zu, dass die Angst vor dem Unbekannten Sie vor der Nutzung dieses Werkzeugs abhält. Sie können das lernen! Es würde natürlich den Rahmen dieses Buches sprengen, Sie in den Gebrauch des Computers einzuführen, doch bin ich sicher, dass Sie einen Freund oder eine Freundin finden bzw. jemanden, den Sie dafür bezahlen, dass er Ihnen das Nötigste beibringt. Und falls Sie selbst kein eigenes Gerät besitzen, dann sind Internetcafés oder Bibliotheken die Lösung Ihres Problems.

Tipps für die Online-Partnersuche

Sobald Sie sich mit dem Internet vertraut gemacht haben und Ihnen ein Computer zur Verfügung steht, an dem Sie arbeiten können, helfen Ihnen die folgenden einfachen Tipps, die Ihnen den Einstieg erleichtern.

Suchen Sie im Internet nach Dating-Sites

Geben Sie bei Google oder einer anderen Suchmaschine Begriffe wie »Partnersuche«, »Singlebörse«, »Dating« oder »Partnervermittlung« ein, und Sie werden auf ein geradezu unüber-

schaubares Angebot stoßen, in dem neu.de und parship.de hierzulande wohl die bekanntesten sind. Die großen Plattformen vermitteln jeden Suchenden, unabhängig von seinen Vorlieben. Aber es gibt auch kleinere, die sich auf besondere Einschränkungen wie etwa Religion, Haustiere, Spiritualität, Alter und so fort spezialisiert haben. Viele der größeren Tages- und Wochenzeitungen und Zeitschriften bieten ebenfalls eine auf ihre Leser zugeschnittene Partnervermittlung im Web an. Die meisten Internet-Singlebörsen verlangen eine monatliche Gebühr.

Das eigene Profil erstellen

In den meisten Fällen setzt sich die Erstellung des persönlichen Profils aus folgenden sechs Schritten zusammen:

1. *Foto:* Lassen Sie ein digitales Bild von sich machen, das Sie in Ihrem Profil plazieren können. Downloaden Sie das Foto in Ihren Computer und uploaden Sie es den Anweisungen der Partnervermittlung folgend auf die Webseite. Falls Sie lediglich über Papierabzüge verfügen, dann lassen Sie sie in einer Drogerie oder in einem Fotogeschäft einscannen und auf einem für Ihren Computer geeigneten Medium speichern. Von dort laden Sie das Bild als JPEG-Datei zunächst auf Ihre Festplatte und dann in die Webseite der von Ihnen gewählten Singlebörse. Ein Foto ist äußerst wichtig, denn es erhöht die Wahrscheinlichkeit um das Achtfache,

dass Sie Post von Interessenten erhalten. Falls Sie von all dem Gerede über Up- und Downloaden Kopfschmerzen kriegen, dann bitten Sie einen in Computerangelegenheiten versierten Freund oder eine Freundin, Ihnen zu helfen.

2. *Eigendarstellung:* Viele Anbieter verlangen als Bestandteil Ihres Profils einen kurzen Text, den Sie über sich selbst schreiben sollen. Blättern Sie in Ihrem Tagebuch zurück zu der Stelle, an der Sie über Ihre Stärken, Leistungen und Lebensvision geschrieben haben. Nutzen Sie diese Darstellung als Grundlage, um positive Aussagen über Ihre Persönlichkeit zu treffen.

3. *Gewünschter Partner:* Auf manchen Webseiten wird eine kurze Darstellung des gewünschten Partners und der angestrebten Beziehung verlangt. In der Übung »Was ist nicht verhandelbar?« aus dem neunten Kapitel wurden Sie dazu aufgefordert, die sieben Eigenschaften zu benennen, die Sie sich von einem Partner wünschen, sowie die Charakterzüge, die Sie keinesfalls akzeptieren. Fassen Sie all dies in einem kurzen positiven und vorurteilsfreien Text für Ihr Profil zusammen. Ergänzen Sie ihn durch Ihre Beziehungsvision und eine Aufzählung dessen, was Sie sich von einer Beziehung erhoffen.

4. *Interessen/Hobbys:* Einige Partnervermittlungen verlangen von Ihnen, dass Sie über Ihre Interessen und Hobbys schreiben. Blättern Sie in Ihrem Tagebuch zurück an die Stelle, wo Sie im Rahmen des siebten Kapitels über die Dinge geschrieben haben, die Ihnen Freude bereiten und mit denen Sie sich in Ihrer Freizeit gern beschäftigen.

5. *Kontrolle:* Überprüfen Sie Ihr Profil, bevor Sie es freischalten, und denken Sie stets daran: Gleiches zieht Gleiches an. Daher ist es Ihr Ziel, mit Ihrem Profil ein möglichst stimmi-

ges Bild von sich selbst zu vermitteln. Auf lange Sicht wird Ihnen das Zeit sparen und die Zahl der ungeeigneten Kandidaten gering halten.

6. *Dranbleiben:* Die Partnersuche im Internet braucht Zeit. Seien Sie darauf gefasst, dass Sie lange damit beschäftigt sein werden, die Profile potenzieller Anwärter zu lesen und denen zu antworten, die ihr Interesse an Ihnen bekunden. Viele meiner Freunde und Klienten sind übereinstimmend der Meinung, dass diese Zeit gut investiert ist.

Die persönliche Begegnung mit dem Kandidaten

Wer sich im Internet auf die Partnersuche begibt, dem stellt sich irgendwann die Frage, wie lange der E-Mail-Kontakt dauern soll, bevor man ein persönliches Kennenlernen anbahnt. Sollte man sich so bald wie möglich treffen oder lieber noch weiter E-Mails hin- und herschicken? Beide Möglichkeiten haben ihre Vorteile.

Fünf Vorteile eines raschen Kennenlernens:
1. Ob die Chemie stimmt, kann man nur herausfinden, wenn man dem anderen direkt gegenübersteht.
2. Die persönliche Begegnung verringert die Wahrscheinlichkeit von Lügen und Missverständnissen.
3. Das Abtauchen in eine realitätsferne Phantasiewelt wird verkürzt.
4. Sie verbringen mit Ihrem Kandidaten Zeit von Angesicht zu Angesicht und kommen einander durch gemeinsames Erleben näher.
5. Durch die persönliche Begegnung sind Sie gezwungen, für

den anderen Raum in Ihrem Leben zu schaffen – und umgekehrt.

Fünf Vorteile einer langen E-Mail-Periode:

1. Sie lernen zuerst die Persönlichkeit des anderen kennen, bevor Sie sein Äußeres sehen.
2. E-Mail-Korrespondenz kann Nähe schaffen und Ihnen die Gelegenheit geben, vorab Wesentliches über Ihren Kandidaten zu erfahren.
3. Es entspricht dem Sicherheitsbedürfnis vieler Frauen, einen Mann zunächst auf Distanz kennenzulernen.
4. Ein langer E-Mail-Verkehr hilft Ihnen, nichts zu überstürzen, und verlängert die Werbephase.
5. Er verstärkt das Geheimnisvolle, das romantische Gepräge und das Begehren.

In der Regel rate ich meinen Klienten, den E-Mail-Verkehr etwa einen Monat lang aufrechtzuerhalten und dann ein Treffen zu vereinbaren. Um auf der sicheren Seite zu sein, ist es besser, sich beim ersten Mal an einem öffentlichen Ort zu treffen, damit keine Informationen über den Wohn- oder Arbeitsort preisgegeben werden müssen. Nichts geht über eine Begegnung von Angesicht zu Angesicht, wenn man einen Menschen kennenlernen möchte.

Wie man mit Internetbetrug umgeht

Wenn Sie jemanden über das Internet kennenlernen, dann besteht immer die Möglichkeit, dass er nicht die Person ist, die er zu sein behauptet. Es ist nicht erst seit heute gang und gäbe, die eigenen Vorzüge zu übertreiben, um das Interesse anderer Beziehungssuchender zu wecken. Statistische Erhebungen besagen, dass 33 Prozent der Internet-User zugeben, bis zu einem bestimmten Grad bei den Angaben in ihrem Profil zu lügen. Die »Dunkelziffer« lassen wir hier mal außen vor. In der Regel machen sich Männer größer und jünger, während Frauen ein geringeres Gewicht und niedrigeres Alter angeben. Manche sagen aber auch klar die Unwahrheit über Alter, Aussehen, Einkommen und Wohnort, verschweigen, dass sie verheiratet sind oder Kinder haben, oder verschleiern ihre wahren Intentionen, weil sie sich dann bessere Chancen ausrechnen. Manche Beziehungsratgeber empfehlen sogar, das eigene Bild zu schönen und sich vollkommen anders zu verhalten, um die eigene Attraktivität zu steigern!

Wer Erfahrungen mit dieser Art Betrug macht, kommt nicht selten zu dem Schluss, dass die Online-Partnersuche als Tummelplatz für Lügner dient, dass das Internet als Suchplattform nicht geeignet ist oder dass man den Menschen ganz allgemein eben nicht vertrauen kann. Es ist eine unglaubliche Enttäuschung, wenn man meint, jemanden gerade richtig kennenzulernen, und er sich dann als Lügner herausstellt.

Viele Beziehungssuchende sehen die beste Herangehensweise darin, sich den bestehenden gesellschaftlichen Normen zu unterwerfen und in ihrem Handeln Expertenrat zu folgen, egal, ob die Folgen ethisch vertretbar sind oder nicht. Die meisten wollen einfach nur geliebt werden und meinen, dass sie so, wie sie sind, nicht gut genug sein könnten. Wenn Sie auf einen solchen Menschen hereinfallen, dann wird es Sie wütend machen, weil Sie das Gefühl haben werden, Ihre Zeit verschwendet zu haben. Außerdem sind derartige Methoden keinesfalls ein Fundament für Vertrauen, Ehrlichkeit und Authentizität in einer späteren Partnerschaft.

Es fällt uns schwer, andere einen Blick auf unser wahres Selbst werfen zu lassen. Doch nur indem Sie Sie selbst sind, können Sie herausfinden, wer zu Ihnen passt. Stellen Sie sich auch auf positive Überraschungen ein. So könnte etwa ein geschiedener Mann mit drei Kindern (die er am liebsten verschweigen würde) bestens zu einer Frau mittleren Alters passen, die selbst keine Kinder mehr haben kann. Manchmal sind es genau die Charakterzüge und Umstände, die Sie einzigartig machen, welche der richtige Partner als besonders interessant und liebenswert empfindet.

Was nun Ihren Umgang mit den Internetbetrügereien anderer betrifft, so denken Sie daran, sich nicht zu tief zu verstricken, bevor Sie das erste Treffen verabreden. Die persönliche Begegnung offenbart so viel. Vor allem dürfen Sie nicht das Vertrauen verlieren. Über andere Menschen haben Sie keine Kontrolle, aber Sie selbst können mit gutem Beispiel vorangehen. Je aufrichtiger die Leute im Internet sind, desto besser ist das für jedefrau und jedermann. Seien Sie also stolz auf alles, was Sie zu dem Menschen macht, der Sie sind, und lassen Sie andere daran teilhaben. Sie werden jemanden kennenlernen, der Ihre Einstellung teilt und von Ihrer Aufrichtigkeit begeistert ist. Wie schön wäre es doch, wenn aller Menschen Partnersuche von Aufrichtigkeit und Offenheit bestimmt wäre! Machen Sie den Anfang.

Wer sich Neuem zuwendet, fühlt sich zu Beginn oft überwäl-
tigt, und mit der Partnersuche im Internet ist es nicht anders.
Unterteilen Sie Ihr Vorhaben in kleinere Schritte und nehmen
Sie sich vor, jeden Tag ein kleines Stück voranzukommen. Wie
gesagt: Falls Sie sich mit dem Medium trotzdem nicht zurecht-
finden, dann bitten Sie jemanden aus Ihrem Freundeskreis um
Unterstützung, der mit der Technologie vertraut ist. Und wenn
Ihnen einmal Mut und Kraft ausgehen, dann vertrauen Sie
sich einer Freundin an, die Sie wieder aufbaut und Ihr Selbstvertrauen stärkt. Am allerwichtigsten ist es, dass Sie erst einmal loslegen!

13.

Hilfsmittel für die Partnersuche – Inspirierende Empfehlungen

Sie haben einen weiten Weg zurückgelegt und werden auf Ihrer Reise zur für Sie besten Partnerschaft noch vieles lernen. In diesem Kapitel stelle ich Ihnen meine Liste erprobter Hilfsmittel zur Verfügung, die Ihnen Inspiration und Unterstützung sein soll. Ergänzen Sie sie durch Ihre eigenen Favoriten oder die Empfehlungen Ihrer Freunde, damit Sie aus einer möglichst großen Sammlung auswählen können, wenn Ihnen einmal die Ideen ausgehen oder Sie Rat brauchen.

Hilfreiche Bücher

Breathnach, Sarah Ban: Einfachheit und Fülle. 365 Schritte zum vollkommenen Leben. München: Goldmann, 1997. – Ein Buch, das Ihnen hilft, Ihr Leben als Geschenk zu würdigen und entsprechend auf sich zu achten.

Ford, Debbie: Die dunkle Seite der Lichtjäger: Kreativität und positive Energie durch die Arbeit am eigenen Schatten. München: Goldmann, 1999. – Ein großartiges Buch, um zu lernen, wie man alte Auslösemechanismen in der Partnerschaft erkennt und außer Kraft setzt.

Hicks, Esther und Jerry: Wunscherfüllung: Die 22 Methoden. Berlin: Ullstein, 2008. – Eine gründliche Erforschung des Gesetzes der Anziehung und seiner Anwendungsmöglichkeiten.

Morrow Lindbergh, Anne: Muscheln in meiner Hand: Eine Antwort auf die Konflikte unseres Daseins. München: Piper, 2006. – Ein wunderbares Buch über das Alleinsein als Geschenk und den Prozess der Selbsterkenntnis.

Sher, Barbara: Wishcraft. Lebensträume und Berufsziele entdecken und verwirklichen. Osnabrück: Edition Schwarzer, 2004. – Gibt inspirierende Anregungen zur Verwirklichung von Lebensträumen.

Walsch, Neale Donald: Gespräche mit Gott, Band 1: Ein ungewöhnlicher Dialog. München: Arkana, 2008. – Solide Einführung in den Zugang zum höheren Selbst und die Entwicklung der Fähigkeit, in dieser Welt Liebe zu verkörpern.

Warren, Neil Clark: Wie finde ich den Partner fürs Leben? Zehn Prinzipien für die Wahl des richtigen Partners. Asslar:

Gerth Medien, 1995. – Handfeste Tipps, die schon nach ein, zwei Treffen bei der Entscheidung helfen, ob es sich lohnt, an einem Beziehungskandidaten dranzubleiben.

Inspirierende Filme

Beim ersten Mal (2007). – Eine junge Frau wird schwanger und findet sich bei einem Mann wieder, der alles andere als »ihr Typ« ist. Sie lernen auf unerwartete Weise, einander zu lieben.

Bridget Jones: Schokolade zum Frühstück (2001) und **Bridget Jones: Am Rande des Wahnsinns** (2004). – Die einzigartige Heldin sucht nach der wahren Liebe und muss feststellen, dass sie in unerwarteter Form daherkommt.

Der gebuchte Mann (1999). – Die Heldin geht mit Männern aus, um Eindruck zu schinden, intrigiert und verbirgt ihr wahres Selbst. Als sie ihre Strategie ändert, findet sie die große Liebe.

Der perfekte Mann (2005). – Eine alleinstehende Frau mittleren Alters entscheidet sich andauernd für die falschen Partner. Als ihr Selbstvertrauen wächst, lernt sie den richtigen Lebensgefährten kennen.

Die Waffen der Frauen (2002). – Eine Frau beginnt, sich auf sich selbst zu verlassen und ein eigenes Leben aufzubauen. Sie lernt, sich für die Partner zu entscheiden, die sie in ihren Zielen unterstützen und sie gut behandeln.

E-Mail für Dich (2003). – Ein Buchhändler sucht sein Glück beim Online-Dating und stellt fest, dass die Liebe gelegentlich als Überraschungspaket daherkommt.

Frau mit Hund sucht Mann mit Herz (2006). – Eine Frau mittleren Alters experimentiert mit Online-Dating und findet die Liebe.

Harry und Sally (2001). – Zwei alleinstehende Freunde sehen sich gezwungen, im Laufe der Zeit ihre Beziehung zueinander neu zu definieren, und stoßen dabei auf die tiefe Liebe zueinander, die sie übersehen hatten.

Hitch – Der Date Doktor (2005). – Ein Dating-Coach bringt Männern Tricks bei, um Frauen zu verführen, und muss feststellen, dass sie das allein mit ihrer Authentizität viel besser hinbekommen.

Miss Potter (2006). – Eine Schriftstellerin folgt ihrem Traum und ihren eigenen Idealen im Hinblick auf die Liebe. Indem sie sie selbst ist, lernt sie ihre Lebenspartner kennen, die sie beide lieben und in ihren Vorstellungen unterstützen.

Natürlich blond! (2002). – Eine junge Frau lernt, »ihr Ding zu tun« und bessere Entscheidungen bei der Wahl ihres Partners zu treffen.

Sex and the City – Der Film (2008). – Vier alleinstehende Freundinnen begeben sich in New York auf Partnersuche und tauschen sich über Erfolge und Misserfolge aus.

Sinn und Sinnlichkeit (2002). – Durch die Augen zweier Schwestern sehen wir, worin sich romantische von reifer Liebe unterscheidet.

Ungeküsst (2003). – Eine junge Frau begibt sich erneut mit großen Hoffnungen, aber mit wenig Erfahrung auf die Partnersuche.

Unter der Sonne der Toskana (2004). – Eine Frau, die von ihrem seitensprungfixierten Mann verlassen wurde, begibt sich auf die Suche nach einem eigenen Leben und entdeckt dabei die Liebe.

Von Frau zu Frau (2007). – Die Mutter einer jungen Frau versucht, sie zu verkuppeln, und sie beide lernen dabei eine Menge.

Weil es dich gibt (2002). – Zwei Seelengefährten begegnen einander und versuchen herauszufinden, ob die Liebe Schicksal ist oder ob sie der Handlung und der Vernunft bedarf.

Wie werde ich ihn los – in 10 Tagen? (2003). – Die Journalistin eines Magazins für Singles experimentiert mit einer Geschichte über die Partnersuche und findet dabei einiges über sich, die Liebe und den Prozess als solchen heraus.

Coaching und Therapie

Coaching ist auch in unseren Breitengraden inzwischen weit verbreitet und auf alle Lebensbereiche gewinnbringend anwendbar, ebenfalls bei der Partnersuche.

Bei einer Therapie wird das Augenmerk für gewöhnlich auf die Vergangenheit gerichtet, um Ihnen zu helfen, frühere Erfahrungen aufzuarbeiten und einschränkende Überzeugungen abzubauen und damit Ihren Handlungsspielraum zu vergrößern. Es ist wichtig, einen Therapeuten zu wählen, bei dem Sie ein gutes Gefühl haben. Den finden Sie am ehesten durch Empfehlungen von Menschen, denen Sie vertrauen und denen Sie Respekt entgegenbringen. Falls Ihnen dieser Weg nicht offensteht, wenden Sie sich an Ihre Krankenkasse. Informieren Sie sich darüber – im Internet, durch Bücher usw. –, was Sie von einer Therapie erwarten dürfen und worauf Sie bei der Therapeutenwahl achten sollten.

Einen guten Coach für die Beziehungssuche finden Sie ebenfalls am besten durch persönliche Empfehlung. Wenn Sie in einer Suchmaschine Begriffe wie »Dating Coach« eingeben und die Suche auf die deutsche Sprache eingrenzen, haben Sie schon einige Angebote, wahrscheinlich auch in Ihrer Nähe. Wer diese Art von Arbeit anbietet, hat oft Texte veröffentlicht, anhand derer Sie sich über die Arbeitsweise des Coachs eine Meinung bilden können. Verbände, in denen Therapeuten und Coachs organisiert sind, informieren über ihre Mitglieder. Jeder Therapeut und Coach hat normalerweise eine Ausbildung gemacht, auch wenn diese nicht immer

»staatlich geprüft« ist. Erkundigen Sie sich also unbedingt, welche Qualifikationen der von Ihnen anvisierte Berater erworben hat, und stellen Sie fest, auf welche Gebiete er spezialisiert ist. Erarbeiten Sie vor Ihrem ersten Termin einen kleinen Fragenkatalog, damit Sie für Ihre Entscheidung eine handfeste Grundlage haben, und vertrauen Sie ansonsten Ihrer Urteilskraft und Ihrem Bauchgefühl.

Freizeitaktivitäten und Hobbys

Um Menschen wirklich kennenzulernen, muss man seine Wohnung verlassen und aktiv werden. Die Zahl der Möglichkeiten ist unerschöpflich. Was diesbezüglich jetzt folgt, ist eine Liste, die keinerlei Anspruch auf Vollständigkeit erhebt:

- Bars,
- Bücher- und Filmklubs,
- Bücherlesungen,
- Bürgergruppen,
- Demonstrationen,
- ehrenamtliche Tätigkeiten,
- Jugend- und Gemeindearbeit,
- Klubs,
- Koch- und Hobbykurse,
- Konzerte und Musikveranstaltungen,
- (Online-)Partnervermittlungen,
- Partys,
- politische oder Parteiarbeit,
- Singletreffs, -kreuzfahrten oder -urlaube,
- Sportveranstaltungen,
- Tanzkurse,
- Umweltorganisationen,
- Veranstaltungen in Museen und Bibliotheken,
- Vereinsarbeit,
- Vernissagen,
- Volkstanzgruppen,
- Walking-, Wander- und Bergtourengruppen,
- Weinproben,
- Wellness- und Fitnesseinrichtungen.

Ihr Ziel ist es, rauszugehen und festzustellen, was Sie inspiriert. Und vergessen Sie nicht, dass das Internet ideal dafür geeignet ist, um Ihnen entsprechende Anregungen zu bieten.

Single-Events

Setzen Sie sich an den Computer und nutzen Sie Google oder eine andere Suchmaschine, um sich über Single-Veranstaltungen in Ihrer Region zu informieren. Werfen Sie einen Blick in die Tageszeitung oder fragen Sie Alleinstehende, die Sie kennen, wohin sie gehen. Ein solches Gespräch kann ein guter Aufhänger sein, um einen neuen »Solisten« in Ihrem Bekanntenkreis zu einem gemeinsamen Besuch irgendeiner Veranstaltung zu motivieren.

Machen Sie sich Notizen in Ihrem Tagebuch, wen Sie zu solchen Events mitnehmen könnten, und lassen Sie sich von Ihnen wohlgesinnten Freunden oder Verwandten dabei helfen. Schüchternheit bringt Sie nicht weiter!

Eine Bestandsaufnahme machen

Es ist wichtig, das zu verfestigen, was Sie auf Ihrer Reise durch *Suchst du noch, oder liebst du schon?* gelernt haben. Suchen Sie sich also eine Karteikarte, auf der Sie die nachfolgenden Aussagen vervollständigen. Tragen Sie sie in Ihrem Portemonnaie bei sich und werfen Sie einen Blick darauf, wenn Sie das Bedürfnis haben:

Meine Dating-Vision

In der Vergangenheit hat mich verletzt und blockiert:

Das alte Motto meiner Beziehungssuche und meine unbewusste Partnersuchanzeige lauteten:

Meine bewusste Partnersuchanzeige und meine tiefsten Bedürfnisse sind:

Das neue Motto meiner Beziehungssuche und mein Aktionsplan sind:

Diese Partnerschaft strebe ich an:

Meine neuen Vorsätze lauten:

Nachwort

Alleinstehend zu sein und nach einem Partner zu suchen ist ein schwieriges Kapitel im Leben, weil sich in diesem Prozess Unsicherheit und Zurückweisung verstecken. Die meisten Menschen meinen aber, dass es die Sache wert ist, weil sie an die überwältigende Zufriedenheit glauben, die eine liebevolle, aufregende, auf Gegenseitigkeit beruhende Beziehung mit sich bringt – eine der größten Freuden, die uns das Leben schenken kann. Doch ich hoffe, Sie haben durch dieses Buch auch erfahren, dass die Partnersuche nicht nur Mittel zum Zweck ist. Die Partnersuche hilft Ihnen, sich Klarheit über sich selbst zu verschaffen und herauszufinden, was Sie sich für Ihr Leben wünschen. Außerdem ist sie eine gute Gelegenheit, um interessante Menschen kennenzulernen und neue Erfahrungen zu machen, die dazu beitragen, Sie in einen besseren Menschen und in einen attraktiveren Partner zu verwandeln.

Das Leben besteht aus Aufs und Abs, ist voller Kündigungen und Beförderungen. Wenn Sie trotz dieser Achterbahnbedingungen zu sich selbst finden, dann sind Sie besser auf eine dauerhafte Beziehung vorbereitet. Ihre Partnersuche hilft Ihnen, sich selbst zu lieben und sich so zu akzeptieren, wie Sie sind – die wichtigste Voraussetzung dafür, dass ein anderer Mensch Sie lieben und annehmen kann. Das positive Motto Ihrer Beziehungssuche im Hinterkopf zu behalten, Gelegenheiten zum Kennenlernen interessanter Menschen zu schaffen und Offenheit zu riskieren wird den für Sie richtigen Partner in Ihr Leben bringen. Denken Sie stets daran, bescheiden und freundlich zu sein; denn viele Menschen haben im Zusammenhang mit der Liebe schwere Verletzungen einstecken müssen und brauchen Zeit, bevor sie sich auf einen neuen Partner einlassen und ihm vertrauen können. Denken Sie auch daran, dass der richtige Partner für immer bei Ihnen bleiben wird, wenn Ihre Partnerschaft die richtige ist. Entscheidend wird es sein, dass Sie sich im Verlauf Ihrer Suche nicht aufgeben oder resignieren. Üben Sie in sich Bereitschaft und Offenheit, und der Erfolg ist Ihnen gewiss.

Ich wünsche Ihnen Freude, viele gute neue Erfahrungen und Frieden auf Ihrer Reise in Ihre Traumpartnerschaft.

Mit den besten Wünschen,
Ihre

Dank

M eine tiefste Wertschätzung und mein Dank gehen an meinen Ehemann Ian, durch den ich ständig Neues über die Liebe lerne, der mich zu diesem Buchprojekt inspiriert hat, mein Manuskript las und mir die Füße massierte, wenn ich überarbeitet war. Ich danke dir, dass du an mich glaubst.

Meinen Eltern Miriam und Marc Dank dafür, dass sie mich aufgezogen haben und mir immer ein leuchtendes Vorbild für Leidenschaft, Fleiß und die Überzeugung waren, dass das Leben voller Gelegenheiten steckt, um schöpferisch tätig zu werden.

Meiner Großmutter Riva, die als Holocaust-Überlebende ein Muster an Mut und Liebe war und wusste, wie man aus nichts noch etwas macht. Ich danke dir, dass du für mich da warst.

Meiner neuen Familie, den Shermans, Gernons und Lentinis, die mich mit Liebe, Unterstützung und Freude aufgenommen haben.

An das Team bei meinem amerikanischen Verlag Beyond Words Publishing und Atria für ihre freundliche Professionalität genau zur richtigen Zeit. An Cynthia Black, die sich als Erste für mein Projekt einsetzte und die Hebamme dieses Buches war. Vielen Dank, dass Sie, unerfahren, wie ich war, mein Potenzial erkannt und durch Freundlichkeit und gute Ratschläge unterstützt haben. An Lindsay Brown, Marie Hix und Julie Steigerwaldt, denen ich Redaktion und Herstellung des Buches zu verdanken habe. An Sara Blum, die den wunderbaren Umschlag der amerikanischen Ausgabe designt hat. An Lisa Braun Dubbles für ihre Freundschaft, richtungweisende Kreativität und ihre Empfehlungen für mein berufliches Vorankommen. Und an Rachel Berry, die für mich Lesereisen und Workshops arrangiert und meine Pressearbeit gemacht hat.

Meinen Engeln Cindy und Aida für ihre fortwährende Gesprächsbereitschaft und ihre Unterstützung, dafür, dass sie mich zum Lachen gebracht und mit mir geträumt haben. Meinen seelenverwandten Geist Jill; Rachel, Leigh, Karen und Tan für unsere außerordentlich lange Freundschaft; Jacki, Todd, Phil und Brad – meine PA Gang.

Meinen Mentoren: Dr. Bruce Lackie für seine Respektlosigkeit, seinen Humor und seine Freude an allem Geheimnisvollen; Dr. Myers, der meine Freude an meinem Beruf als Therapeutin gefördert hat; Mona Daniels für ihre fortgesetzte Unterstützung und Weisheit; und Yahosheba und Roger für ihre spirituelle Inspiration und die Weihung unserer Verbindung.

Bas, Bill, Tom, Leah, Fancine und all meinen Freunden bei MNA für ihren Ansporn und ihre Unterstützung.

Meinen Klienten dafür, dass sie mich in der Wirklichkeit verankern, mir Inspiration und Erkenntnis bescheren.

Und an meine Leser: Ich danke jedem Einzelnen von Ihnen für Ihre Bereitschaft, die Liebe in Ihrem Inneren wahr werden zu lassen. Danke, dass Sie mir auf Ihrer Reise Ihr Vertrauen schenken.

Sabine Standenat

Lerne, dich selbst zu lieben, dann liebt dich das Leben

Liebe dich selbst!
Sabine Standenat zeigt, wie Frauen ihr Leben zum Besseren hin verändern können, indem sie anfangen, ihre Bedürfnisse ernst zu nehmen, vernünftige Grenzen zu setzen und sich liebevoll selbst zu umsorgen. Ein lebensnaher Wegweiser durch den Dschungel verwirrender Gefühle, persönlicher Krisen und spiritueller Irrwege, der negative Gedankenmuster aufdeckt, Tipps für den Akutfall gibt und zugleich dabei hilft, unliebsame Gewohnheiten abzuschütteln.

Knaur
MensSana

Liz Greene

Sag mir Dein Sternzeichen, und ich sage Dir, wie Du liebst

Astrologische Muster der Liebe

Romantische Sternstunden der Liebe mögen vergänglich sein, was Tierkreiszeichen und Planeten über unsere Partner aussagen, wird jedoch aller Voraussicht nach Bestand haben. Dieses gescheite und vergnügliche Kompendium entschlüsselt die himmlischen Spielregeln. Und so könnten Ihnen die psychologisch fundierten und dabei humorvollen Charakterisierungen von Liz Greene zum unentbehrlichen Leitfaden in Partnerschaftsfragen werden.

Knaur
MensSana

Denise Linn

Die eigenen Wurzeln finden

Vergangenheit heilen und die Zukunft positiv gestalten

Der Schlüssel zur Persönlichkeit liegt in unserer Herkunft.

Eigenschaften und Überzeugungen werden häufig von einer Generation an die nächste weitergereicht, ohne dass die Familienmitglieder sich darüber im Klaren sind. Indem man sich mit seiner familiären Vergangenheit bewusst aussöhnt, wird man unbeschwerter und ebnet so zugleich auch den Weg für seine eigenen Nachkommen.

Denise Linn zeigt, wie man seine Wurzeln finden und sein Leben so individueller gestalten kann. Denn: Wer nach seinen Ahnen forscht, findet dabei zu sich selbst.

Mit vielen praktischen Anregungen, Tipps und Meditationen.

Knaur
MensSana

Hans Kreis

Wahre Liebe leben

Wie Sie gemeinsam glücklich werden

Eine erfüllte Beziehung beginnt damit, sich dem Partner so zu zeigen, wie man wirklich ist.

Diese These führt zu einer vollkommen neuen Einstellung: Hans Kreis zeigt, wie falsche Überzeugungen damit entlarvt werden, und vor allem auch, welche Kraft dadurch frei wird. Einfache Wege aus den häufigsten Beziehungsfallen mit hilfreichen Übungen und Fallbeispielen aus dem Coaching-Alltag.

Knaur
MensSana

Thomas Schäfer

Wie aus Leiden wieder Liebe wird

Mann und Frau aus Sicht des Familienstellens

Thomas Schäfer wendet sich mit diesem Buch zentralen Fragen der Beziehung zwischen Mann und Frau zu und zeigt, wo die seelischen Ursachen von Paarkonflikten liegen. Was hilft weiter bei ständigen Streitereien oder wenn es im Bett nicht mehr richtig klappt? Wie können Patchwork-Familien gelingen?

Oftmals beruhen solche Konflikte auf Übertragungen der Herkunftsfamilie, die mit Hilfe des Familienstellens erkannt und aufgelöst werden können.

Knaur
MensSana